AF452275

Recueil des Effigies

des Roys de France, auec vn brief
sommaire des genealogies, faits & gestes d'iceux.

A Paris, par François Desprez,
Rue Mé torgueil, au bó Pasteur.

70.

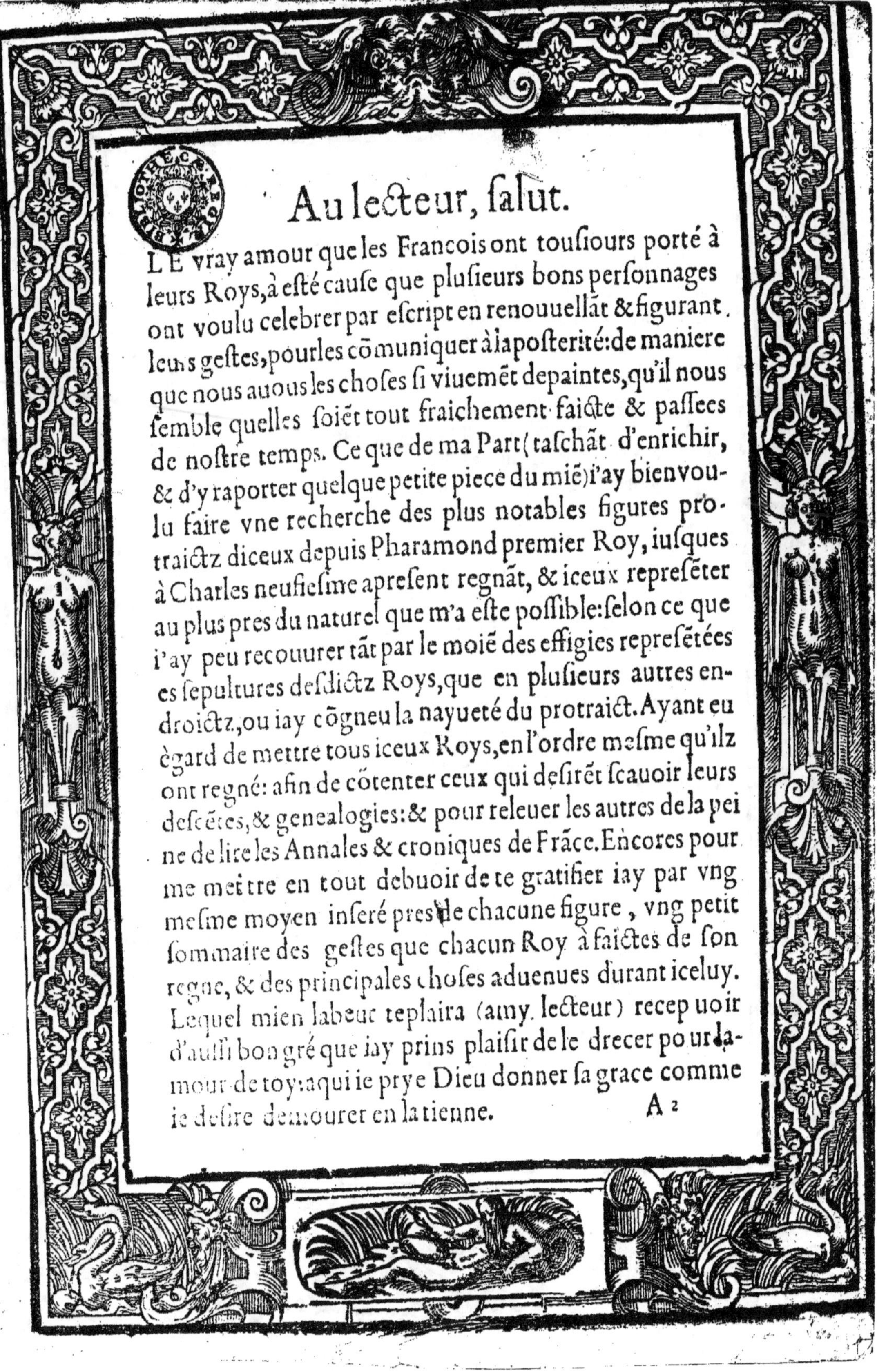

Au lecteur, salut.

LE vray amour que les Francois ont tousiours porté à
leurs Roys, à esté cause que plusieurs bons personnages
ont voulu celebrer par escript en renouuellãt & figurant
leurs gestes, pourles cõmuniquer à la posterité: de maniere
que nous auous les choses si viuemẽt depaintes, qu'il nous
semble quelles soiẽt tout fraichement faicte & passees
de nostre temps. Ce que de ma Part (taschãt d'enrichir,
& d'y raporter quelque petite piece du miẽ) i'ay bienvou-
lu faire vne recherche des plus notables figures pro-
traictz diceux depuis Pharamond premier Roy, iusques
à Charles neufiesme apresent regnãt, & iceux represẽter
au plus pres du naturel que m'a esté possible: selon ce que
i'ay peu recouurer tãt par le moiẽ des effigies represẽtées
es sepultures desdictz Roys, que en plusieurs autres en-
droictz, ou iay cõgneu la nayueté du protraict. Ayant eu
ègard de mettre tous iceux Roys, en l'ordre mesme qu'ilz
ont regné: afin de cõtenter ceux qui desirẽt scauoir leurs
descẽtes, & genealogies: & pour releuer les autres de la pei
ne de lire les Annales & croniques de Frãce. Encores pour
me mettre en tout debuoir de te gratifier iay par vng
mesme moyen inseré pres de chacune figure , vng petit
sommaire des gestes que chacun Roy à faictes de son
regne, & des principales choses aduenues durant iceluy.
Lequel mien labeur teplaira (amy. lecteur) recep uoir
d'aussi bon gré que iay prins plaisir de le drecer po ur l'a-
mour de toy: a qui ie prye Dieu donner sa grace comme
ie desire demourer en la tienne.   A 2

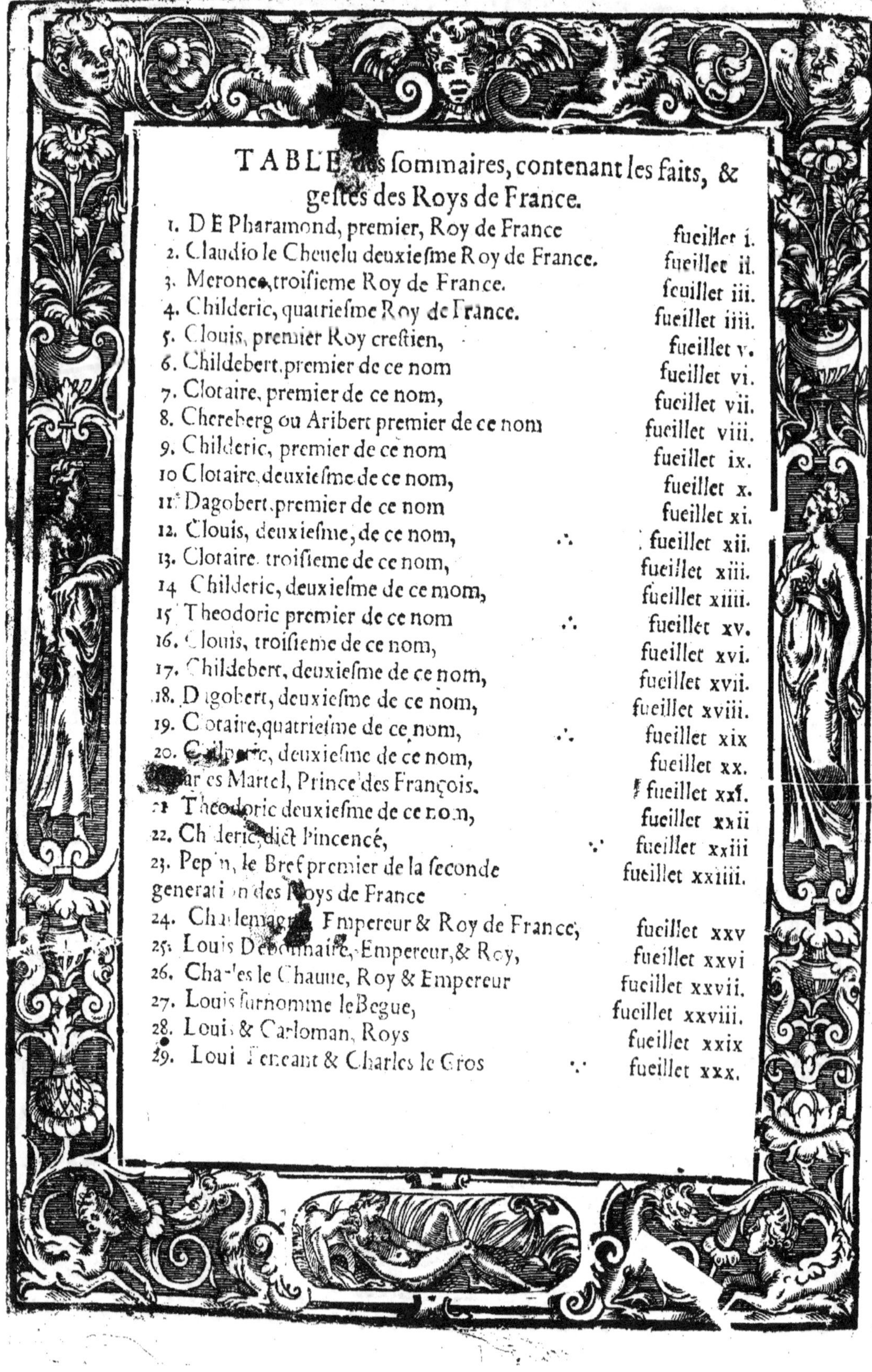

TABLE des sommaires, contenant les faits, & gestes des Roys de France.

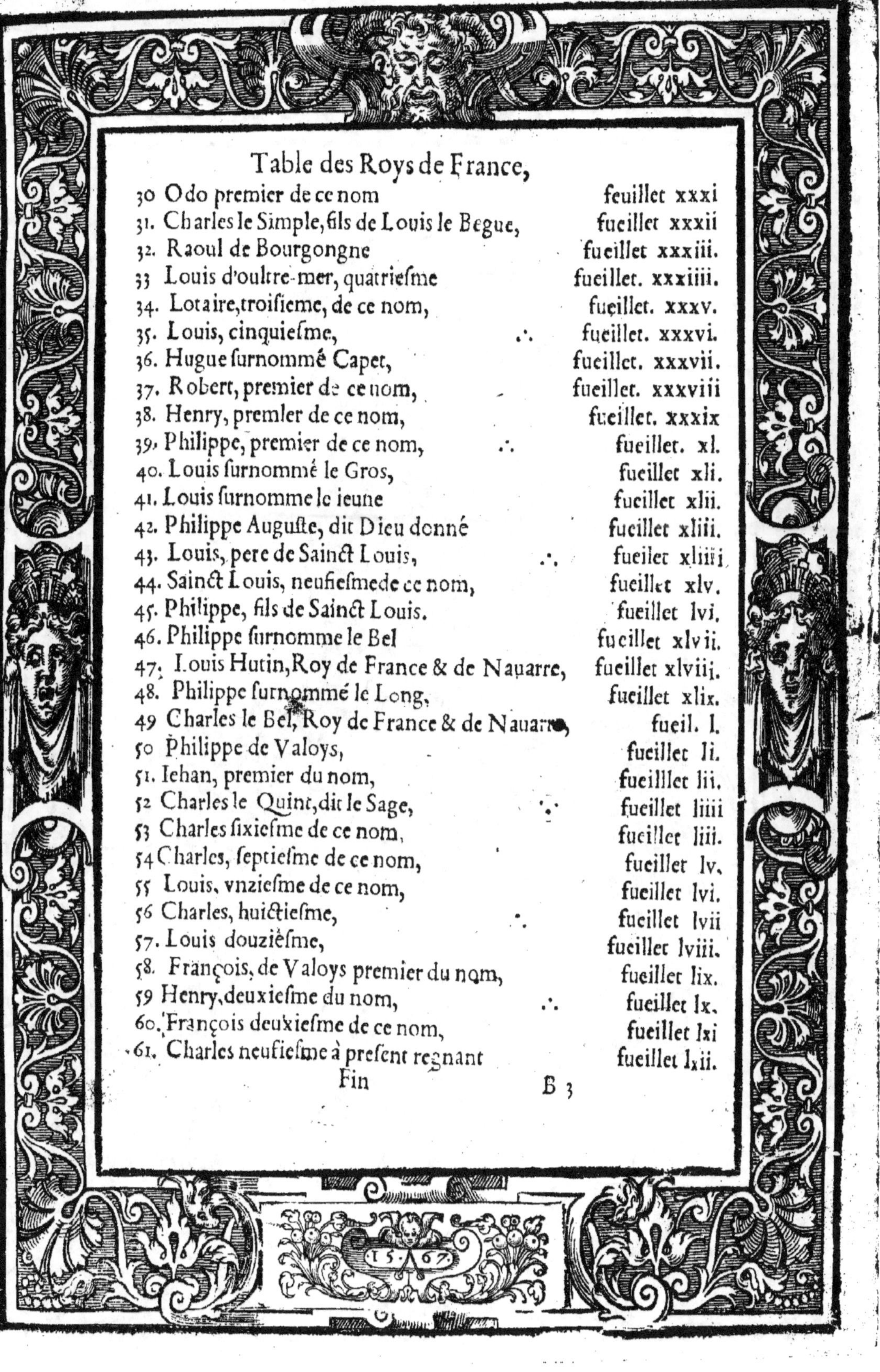

Table des Roys de France,

Fin   B 3

Pharamond, premier
Roy de France.

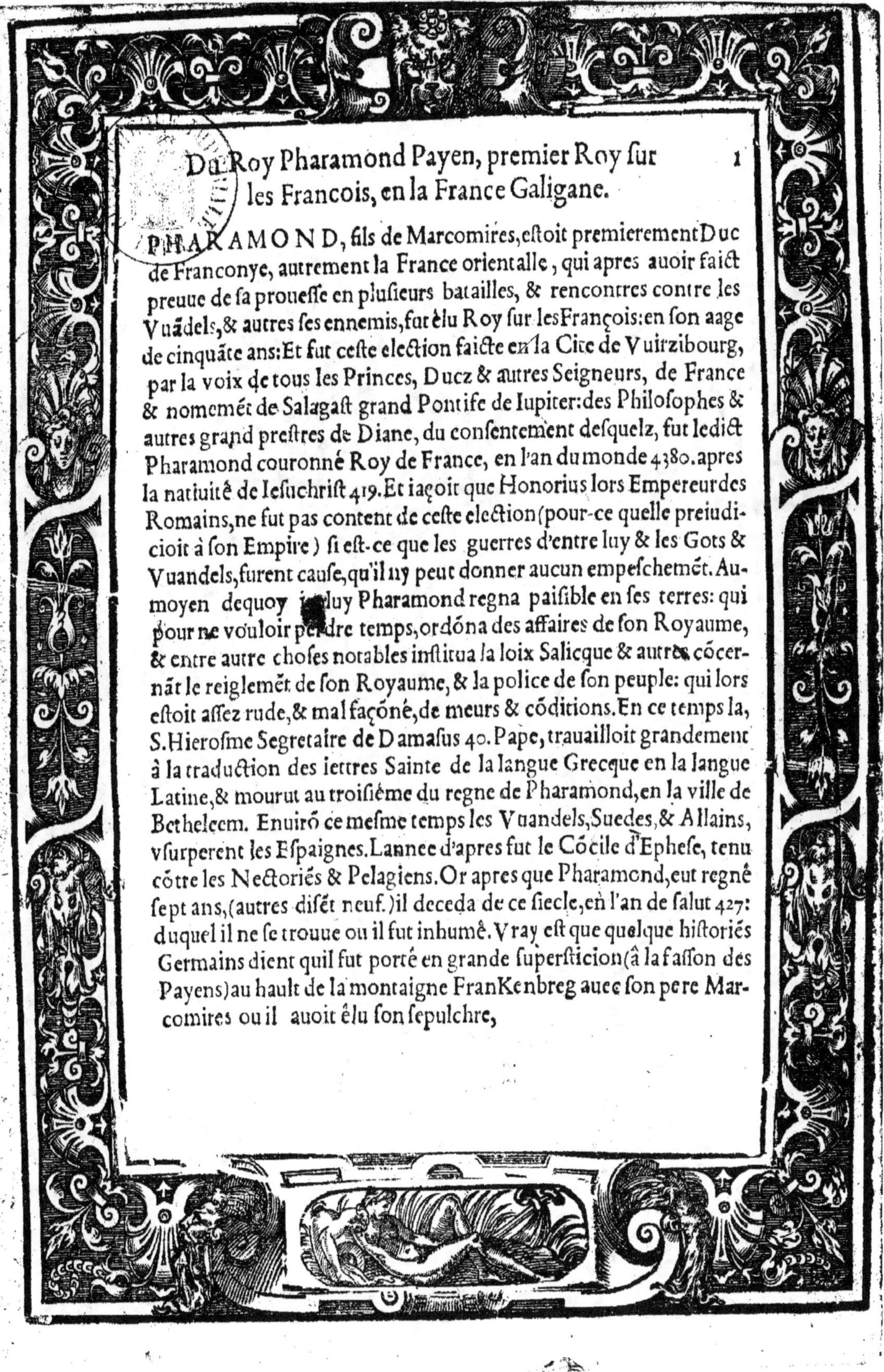

PHARAMOND, fils de Marcomires, eſtoit premierement Duc de Franconye, autrement la France orientalle, qui apres auoir faict preuue de ſa proueſſe en pluſieurs batailles, & rencontres contre les Vuãdels, & autres ſes ennemis, fut élu Roy ſur les François: en ſon aage de cinquãte ans: Et fut ceſte election faicte en la Cité de Vuirzibourg, par la voix de tous les Princes, Ducz & autres Seigneurs, de France & nomemét de Salagaſt grand Pontife de Iupiter: des Philoſophes & autres grand preſtres de Diane, du conſentemént deſquelz, fut ledict Pharamond couronné Roy de France, en l'an du monde 4380. apres la natiuité de Ieſuchriſt 419. Et iaçoit que Honorius lors Empereur des Romains, ne fut pas content de ceſte election (pour-ce quelle preiudicioit à ſon Empire) ſi eſt-ce que les guerres d'entre luy & les Gots & Vuandels, furent cauſe, qu'il ny peut donner aucun empeſchemét. Au moyen dequoy iceluy Pharamond regna paiſible en ſes terres: qui pour ne vouloir perdre temps, ordóna des affaires de ſon Royaume, & entre autre choſes notables inſtitua la loix Salicque & autres cócernát le reiglemét de ſon Royaume, & la police de ſon peuple: qui lors eſtoit aſſez rude, & mal façóné, de meurs & códitions. En ce temps la, S. Hieroſme Segretaire de Damaſus 40. Pape, trauailloit grandement à la traduction des iettres Sainte de la langue Grecque en la langue Latine, & mourut au troiſiéme du regne de Pharamond, en la ville de Betheleem. Enuiró ce meſme temps les Vuandels, Suedes, & Allains, vſurperent les Eſpaignes. L'annee d'apres fut le Cócile d'Epheſe, tenu cótre les Nectoriés & Pelagiens. Or apres que Pharamond, eut regné ſept ans, (autres diſét neuf.) il deceda de ce ſiecle, en l'an de ſalut 427: duquel il ne ſe trouue ou il fut inhumé. Vray eſt que quelque hiſtoriés Germains dient quil fut porté en grande ſuperſticion (à la faſſon des Payens) au hault de la montaigne FranKenbreg auec ſon pere Marcomires ou il auoit élu ſon ſepulchre,

Claudio, deuxiesme
Roy de France.

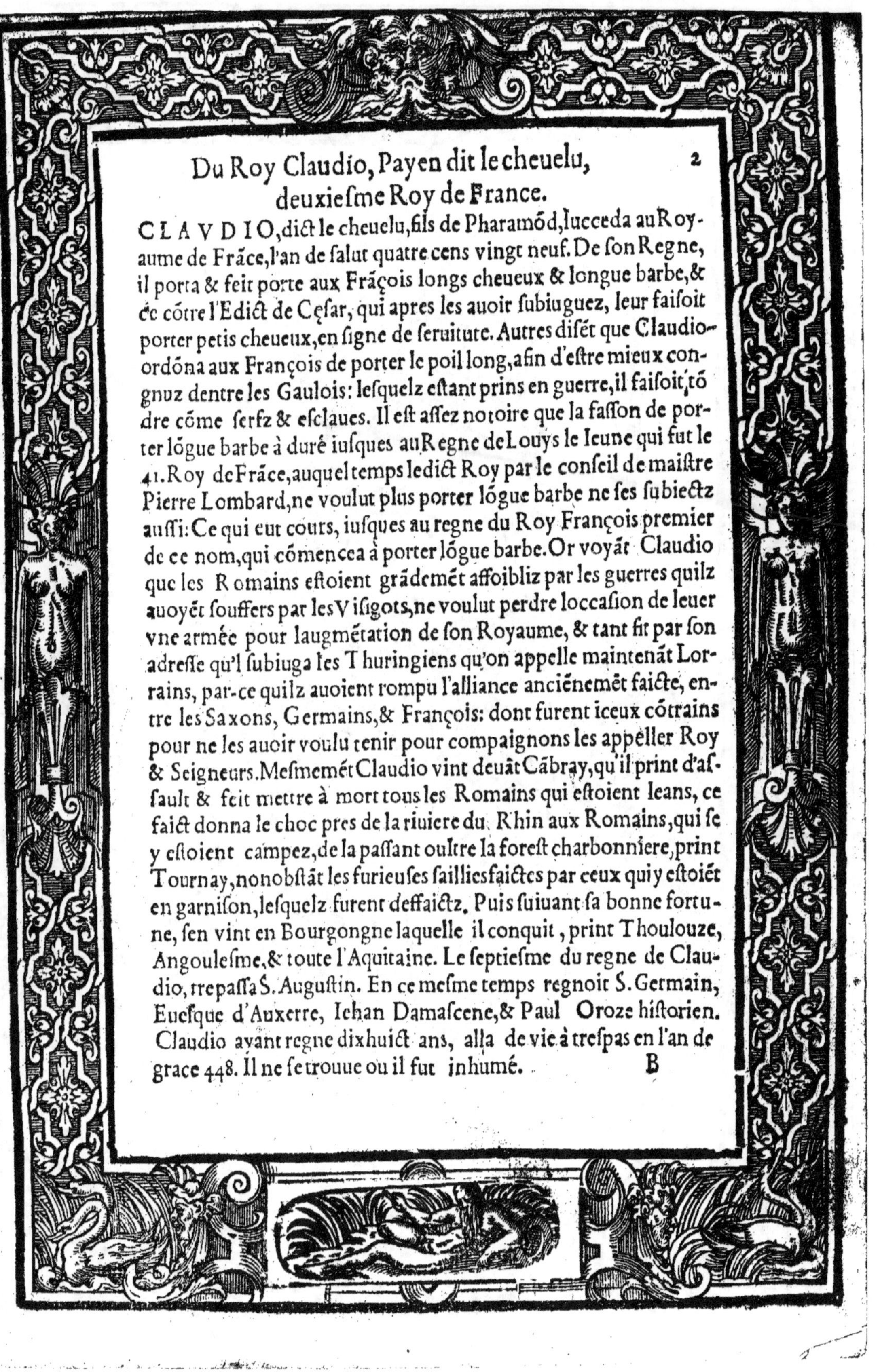

Du Roy Claudio, Payen dit le cheuelu, deuxiesme Roy de France.

CLAVDIO, dict le cheuelu, fils de Pharamód, fucceda au Royaume de Fráce, l'an de falut quatre cens vingt neuf. De fon Regne,
il porta & feit porte aux Fráçois longs cheueux & longue barbe, &
ce cótre l'Edict de Cefar, qui apres les auoir fubiuguez, leur faifoit
porter petis cheueux, en figne de feruitute. Autres difét que Claudio
ordóna aux François de porter le poil long, afin d'eftre mieux con-
gnuz dentre les Gaulois: lefquelz eftant prins en guerre, il faifoit tó
dre cóme ferfz & efclaues. Il eft affez notoire que la faffon de porter lógue barbe à duré iufques au Regne de Louys le Ieune qui fut le
41. Roy de Fráce, auquel temps ledict Roy par le confeil de maiftre
Pierre Lombard, ne voulut plus porter lógue barbe ne fes fubiectz
auffi: Ce qui eut cours, iufques au regne du Roy François premier
de ce nom, qui cómencea à porter lógue barbe. Or voyát Claudio
que les Romains eftoient grádemét affoibliz par les guerres quilz
auoyét fouffers par les Vifigots, ne voulut perdre loccafion de leuer
vne armée pour laugmétation de fon Royaume, & tant fit par fon
adreffe qu'l fubiuga les Thuringiens qu'on appelle maintenát Lorrains, par-ce quilz auoient rompu l'alliance anciénemét faicte, entre les Saxons, Germains, & François: dont furent iceux cótrains
pour ne les auoir voulu tenir pour compaignons les appeller Roy
& Seigneurs. Mefmemét Claudio vint deuát Cábray, qu'il print d'af-
fault & feit mettre à mort tous les Romains qui eftoient leans, ce
faict donna le choc pres de la riuiere du Rhin aux Romains, qui fe
y eftoient cámpez, de la paffant oultre la foreft charbonniere, print
Tournay, nonobftát les furieufes faillies faictes par ceux qui y eftoiét
en garnifon, lefquelz furent deffaictz. Puis fuiuant fa bonne fortune, fen vint en Bourgongne laquelle il conquit, print Thoulouze,
Angoulefme, & toute l'Aquitaine. Le feptiefme du regne de Claudio, trepaffa S. Auguftin. En ce mefme temps regnoit S. Germain,
Euefque d'Auxerre, Iehan Damafcene, & Paul Oroze hiftorien.
Claudio ayant regne dixhuict ans, alla de vie à trefpas en l'an de
grace 448. Il ne fe trouue ou il fut inhumé.   B

Meronee, Payen iii.
Roy de France

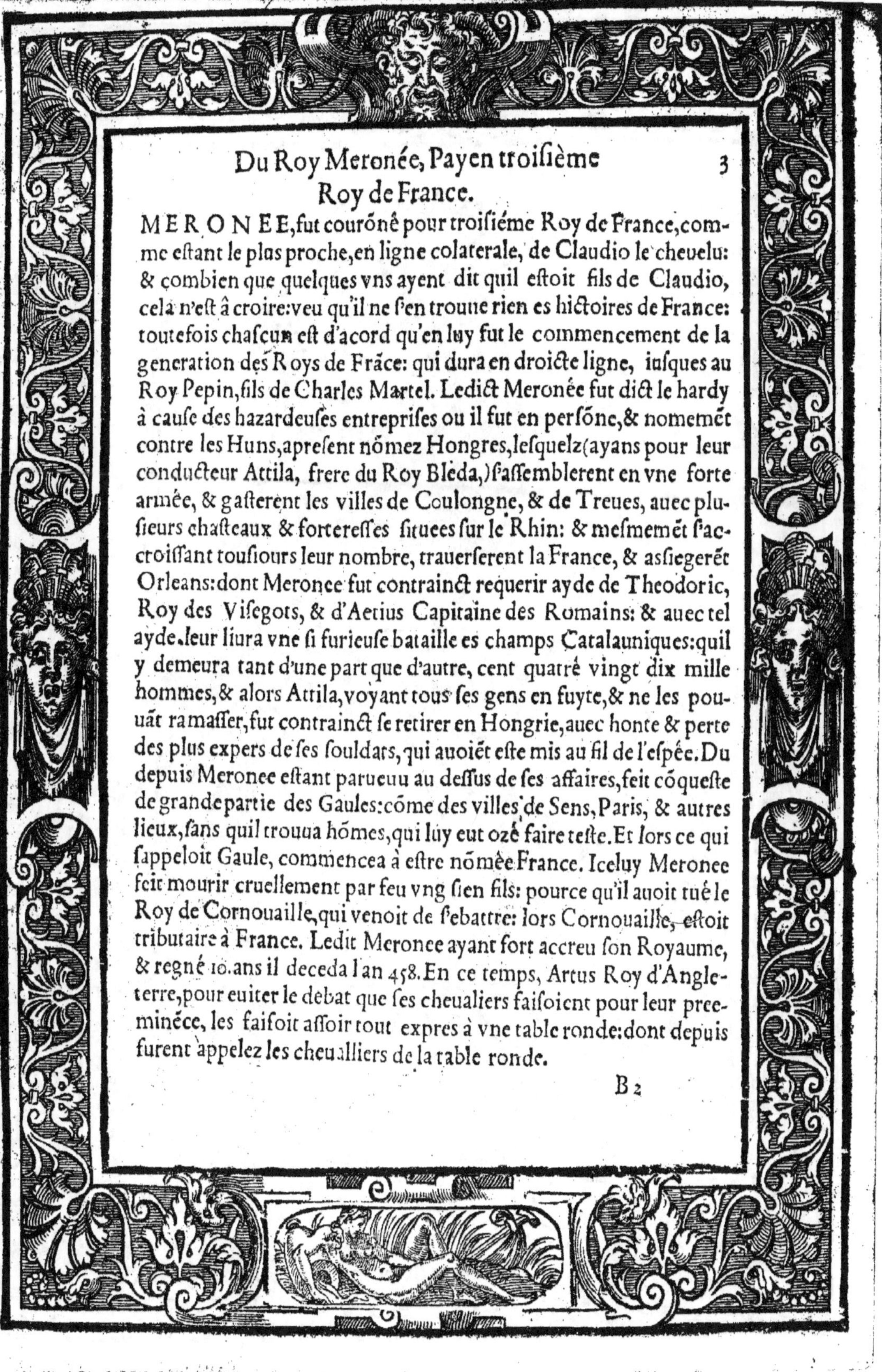

MERONEE, fut courónẻ pour troiſiéme Roy de France, comme eſtant le plus proche, en ligne colaterale, de Claudio le chevelu:
& combien que quelques vns ayent dit quil eſtoit fils de Claudio,
cela n'eſt à croire: veu qu'il ne ſ'en trouue rien es hictoires de France:
toutefois chaſcum eſt d'acord qu'en luy fut le commencement de la
generation des Roys de Fráce: qui dura en droicte ligne, iuſques au
Roy Pepin, fils de Charles Martel. Ledict Meronée fut dict le hardy
à cauſe des hazardeuſes entrepriſes ou il fut en perſóne, & nomemẻt
contre les Huns, apreſent nómez Hongres, leſquelz (ayans pour leur
conducteur Attila, frere du Roy Bleda,) ſ'aſſemblerent en vne forte
armée, & gaſterent les villes de Coulongne, & de Treues, auec pluſieurs chaſteaux & fortereſſes ſituees ſur le Rhin: & meſmemẻt ſ'ac-
croiſſant touſiours leur nombre, trauerſerent la France, & asſiegerẻt
Orleans: dont Meronee fut contrainct requerir ayde de Theodoric,
Roy des Viſegots, & d'Aetius Capitaine des Romains: & auec tel
ayde. leur liura vne ſi furieuſe bataille es champs Catalauniques: quil
y demeura tant d'une part que d'autre, cent quatrẻ vingt dix mille
hommes, & alors Attila, voyant tous ſes gens en fuyte, & ne les pou-
uát ramaſſer, fut contrainct ſe retirer en Hongrie, auec honte & perte
des plus expers de ſes ſouldats, qui auoiẻt eſte mis au fil de l'eſpée. Du
depuis Meronee eſtant parueuu au deſſus de ſes affaires, feit cóqueſte
de grande partie des Gaules: cóme des villes de Sens, Paris, & autres
lieux, ſans quil trouua hómes, qui luy eut ozẻ faire teſte. Et lors ce qui
ſappeloit Gaule, commencea à eſtre nómẻe France. Iceluy Meronee
feit mourir cruellement par feu vng ſien fils: pource qu'il auoit tué le
Roy de Cornouaille, qui venoit de ſ'ebattre: lors Cornouaille, eſtoit
tributaire à France. Ledit Meronee ayant fort accreu ſon Royaume,
& regné 10. ans il deceda l'an 458. En ce temps, Artus Roy d'Angleterre, pour euiter le debat que ſes cheualiers faiſoient pour leur pree-
minéce, les faiſoit aſſoir tout exprés à vne table ronde: dont depuis
furent appelez les cheualliers de la table ronde.

B 2

Childeric, quatrief-
me Roy de France.

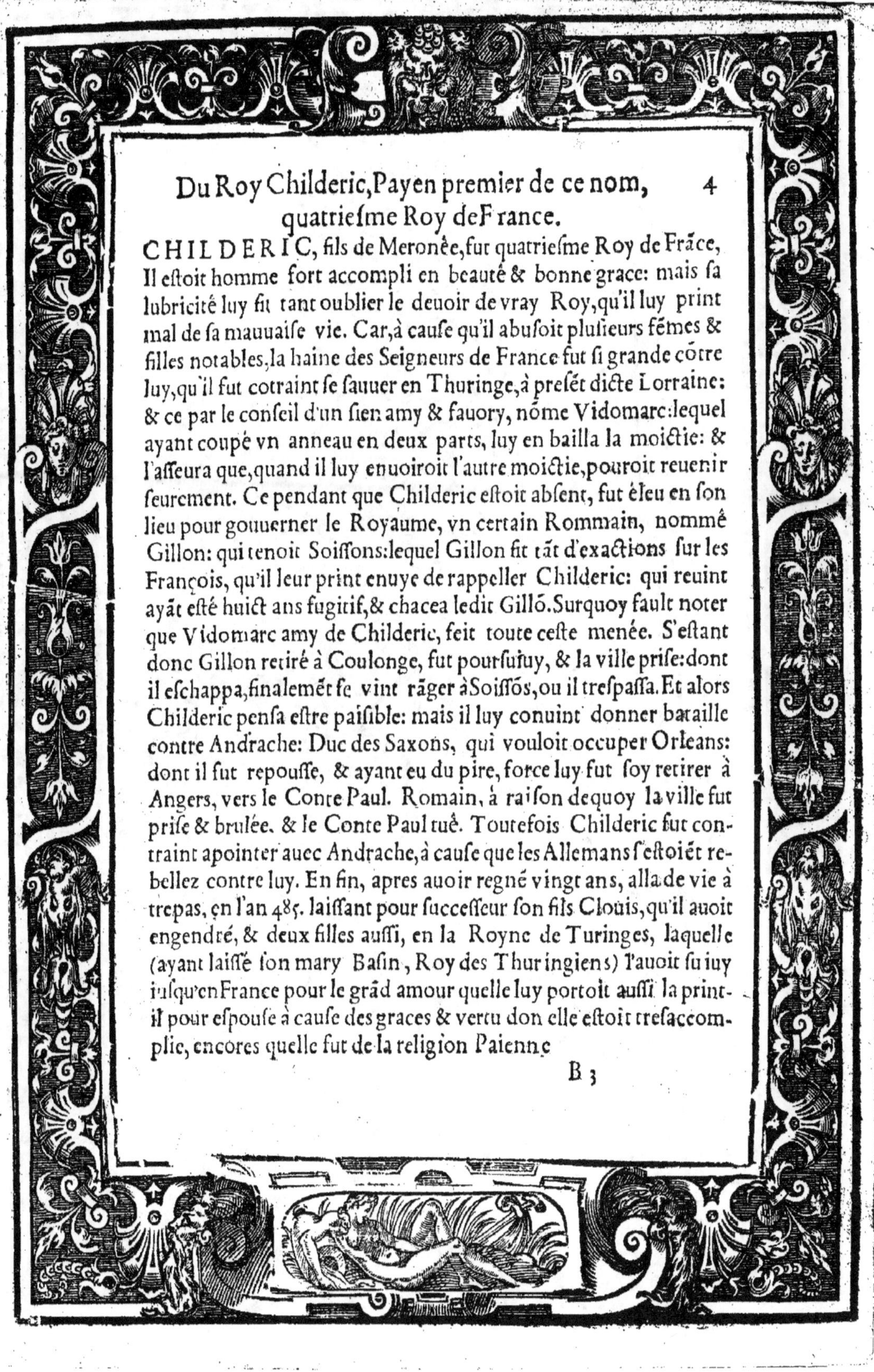

CHILDERIC, fils de Meronée, fut quatriefme Roy de Fráce,
Il eſtoit homme fort accompli en beauté & bonne grace: mais ſa
lubricité luy fit tant oublier le deuoir de vray Roy, qu'il luy print
mal de ſa mauuaiſe vie. Car, à cauſe qu'il abuſoit pluſieurs fémes &
filles notables, la haine des Seigneurs de France fut ſi grande cötre
luy, qu'il fut cotraint ſe ſauuer en Thuringe, à preſét dicte Lorraine:
& ce par le conſeil d'un ſien amy & fauory, nóme Vidomarc: lequel
ayant coupé vn anneau en deux parts, luy en bailla la moictie: &
l'aſſeura que, quand il luy enuoiroit l'autre moictie, pouroit reuenir
ſeurement. Ce pendant que Childeric eſtoit abſent, fut éleu en ſon
lieu pour gouuerner le Royaume, vn certain Rommain, nommé
Gillon: qui tenoit Soiſſons: lequel Gillon fit tát d'exactions ſur les
François, qu'il leur print enuye de rappeller Childeric: qui reuint
ayát eſté huict ans fugitif, & chacea ledit Gilló. Surquoy fault noter
que Vidomarc amy de Childeric, feit toute ceſte menée. S'eſtant
donc Gillon retiré à Coulonge, fut pourſuuy, & la ville priſe: dont
il eſchappa, finalemét ſe vint ráger à Soiſſós, ou il treſpaſſa. Et alors
Childeric penſa eſtre paiſible: mais il luy conuint donner bataille
contre Andrache: Duc des Saxons, qui vouloit occuper Orleans:
dont il fut repouſſe, & ayant eu du pire, force luy fut ſoy retirer à
Angers, vers le Conte Paul. Romain, à raiſon dequoy la ville fut
priſe & brulée. & le Conte Paul tué. Toutefois Childeric fut contraint apointer auec Andrache, à cauſe que les Allemans ſ'eſtoiét rebellez contre luy. En fin, apres auoir regné vingt ans, alla de vie à
trepas, en l'an 485. laiſſant pour ſucceſſeur ſon fils Clouis, qu'il auoit
engendré, & deux filles auſſi, en la Royne de Turinges, laquelle
(ayant laiſſé ſon mary Baſin, Roy des Thuringiens) l'auoit ſuiuy
iuſqu'en France pour le grád amour quelle luy portoit auſſi la print-
il pour eſpouſe à cauſe des graces & vertu don elle eſtoit treſaccom-
plie, encores quelle fut de la religion Paienne

B 3

Clouis, premier
Roy Crestien

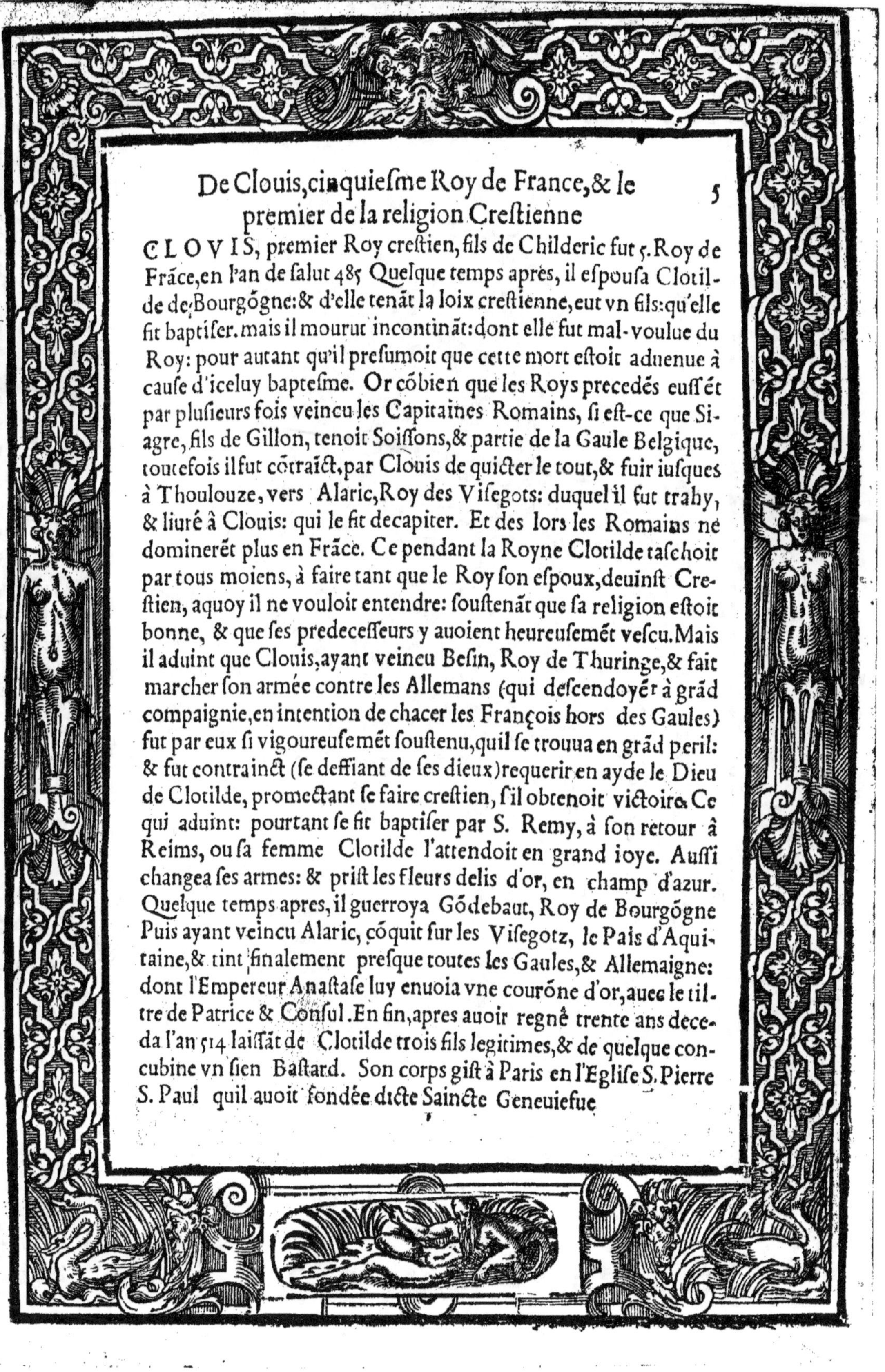

De Clouis, cinquiesme Roy de France, & le premier de la religion Crestienne

CLOVIS, premier Roy crestien, fils de Childeric fut 5. Roy de Fráce, en l'an de salut 485 Quelque temps aprés, il espousa Clotilde de Bourgógne: & d'elle tenāt la loix crestienne, eut vn fils: qu'elle fit baptiser. mais il mourut incontināt: dont elle fut mal-voulue du Roy: pour autant qu'il presumoit que cette mort estoit aduenue à cause d'iceluy baptesme. Or cóbien que les Roys precedés eussét par plusieurs fois veincu les Capitaines Romains, si est-ce que Siagre, fils de Gillon, tenoit Soissons, & partie de la Gaule Belgique, toutefois il fut cótraīct, par Clouis de quicter le tout, & fuir iusques à Thoulouze, vers Alaric, Roy des Visegots: duquel il fut trahy, & liuré à Clouis: qui le fit decapiter. Et des lors les Romains né dominerét plus en Fráce. Ce pendant la Royne Clotilde taschoit par tous moiens, à faire tant que le Roy son espoux, deuinst Crestien, aquoy il ne vouloit entendre: soustenāt que sa religion estoit bonne, & que ses predecesseurs y auoient heureusemét vescu. Mais il aduint que Clouis, ayant veincu Besin, Roy de Thuringe, & fait marcher son armée contre les Allemans (qui descendoyét à grád compaignie, en intention de chacer les François hors des Gaules) fut par eux si vigoureusemét soustenu, quil se trouua en grád peril: & fut contrainct (se deffiant de ses dieux) requerir en ayde le Dieu de Clotilde, promectant se faire crestien, s'il obtenoit victoire. Ce qui aduint: pourtant se fit baptiser par S. Remy, à son retour à Reims, ou sa femme Clotilde l'attendoit en grand ioye. Aussi changea ses armes: & prist les fleurs delis d'or, en champ d'azur. Quelque temps apres, il guerroya Gódebaut, Roy de Bourgógne Puis ayant veincu Alaric, cóquit sur les Visegotz, le Pais d'Aquitaine, & tint finalement presque toutes les Gaules, & Allemaigne: dont l'Empereur Anastase luy enuoia vne couróne d'or, auec le tiltre de Patrice & Consul. En fin, apres auoir regné trente ans deceda l'an 514 laissát de Clotilde trois fils legitimes, & de quelque concubine vn sien Bastard. Son corps gist à Paris en l'Eglise S. Pierre S. Paul quil auoit fondée dicte Saincte Geneuiesue

Childebert, sixiesme
Roy de France.

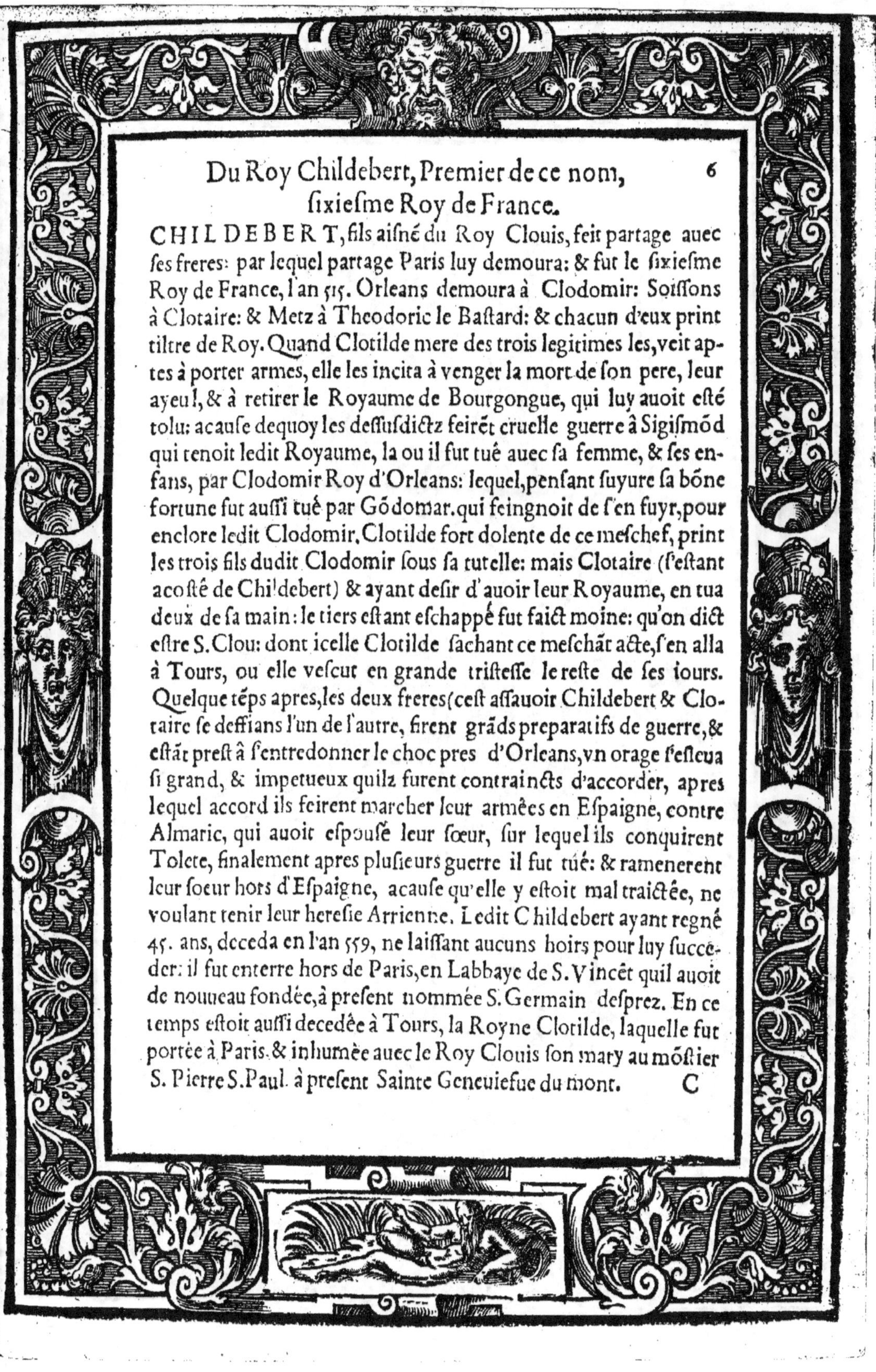

CHILDEBERT, fils aisné du Roy Clouis, feit partage auec
ses freres: par lequel partage Paris luy demoura: & fut le sixiesme
Roy de France, l'an 515. Orleans demoura à Clodomir: Soissons
à Clotaire: & Metz à Theodoric le Bastard: & chacun d'eux print
tiltre de Roy. Quand Clotilde mere des trois legitimes les, veit ap-
tes à porter armes, elle les incita à venger la mort de son pere, leur
ayeul, & à retirer le Royaume de Bourgongue, qui luy auoit esté
tolu: acause dequoy les dessusdictz feirét cruelle guerre à Sigismód
qui tenoit ledit Royaume, la ou il fut tué auec sa femme, & ses enfans, par Clodomir Roy d'Orleans: lequel, pensant suyure sa bóne
fortune fut aussi tué par Gódomar. qui feingnoit de s'en fuyr, pour
enclore ledit Clodomir. Clotilde fort dolente de ce meschef, print
les trois fils dudit Clodomir sous sa tutelle: mais Clotaire (s'estant
acosté de Childebert) & ayant desir d'auoir leur Royaume, en tua
deux de sa main: le tiers estant eschappé fut faict moine: qu'on dict
estre S. Clou: dont icelle Clotilde sachant ce meschát acte, s'en alla
à Tours, ou elle vescut en grande tristesse le reste de ses iours.
Quelque téps apres, les deux freres (cest assauoir Childebert & Clotaire se deffians l'un de l'autre, firent grãds preparatifs de guerre, &
estát prest à s'entredonner le choc pres d'Orleans, vn orage s'esleua
si grand, & impetueux quilz furent contraincts d'accorder, apres
lequel accord ils feirent marcher leur armées en Espaigne, contre
Almaric, qui auoit espousé leur sœur, sur lequel ils conquirent
Tolete, finalement apres plusieurs guerre il fut tué: & ramenerent
leur soeur hors d'Espaigne, acause qu'elle y estoit mal traictée, ne
voulant tenir leur heresie Arrienne. Ledit Childebert ayant regné
45. ans, deceda en l'an 559, ne laissant aucuns hoirs pour luy succe-
der: il fut enterre hors de Paris, en Labbaye de S. Vincêt quil auoit
de nouueau fondée, à present nommée S. Germain desprez. En ce
temps estoit aussi decedée à Tours, la Royne Clotilde, laquelle fut
portée à Paris. & inhumée auec le Roy Clouis son mary au móstier
S. Pierre S. Paul. à present Sainte Geneuiefue du mont.   C

Clotaire premier de
ce nom, vii Roy de F.

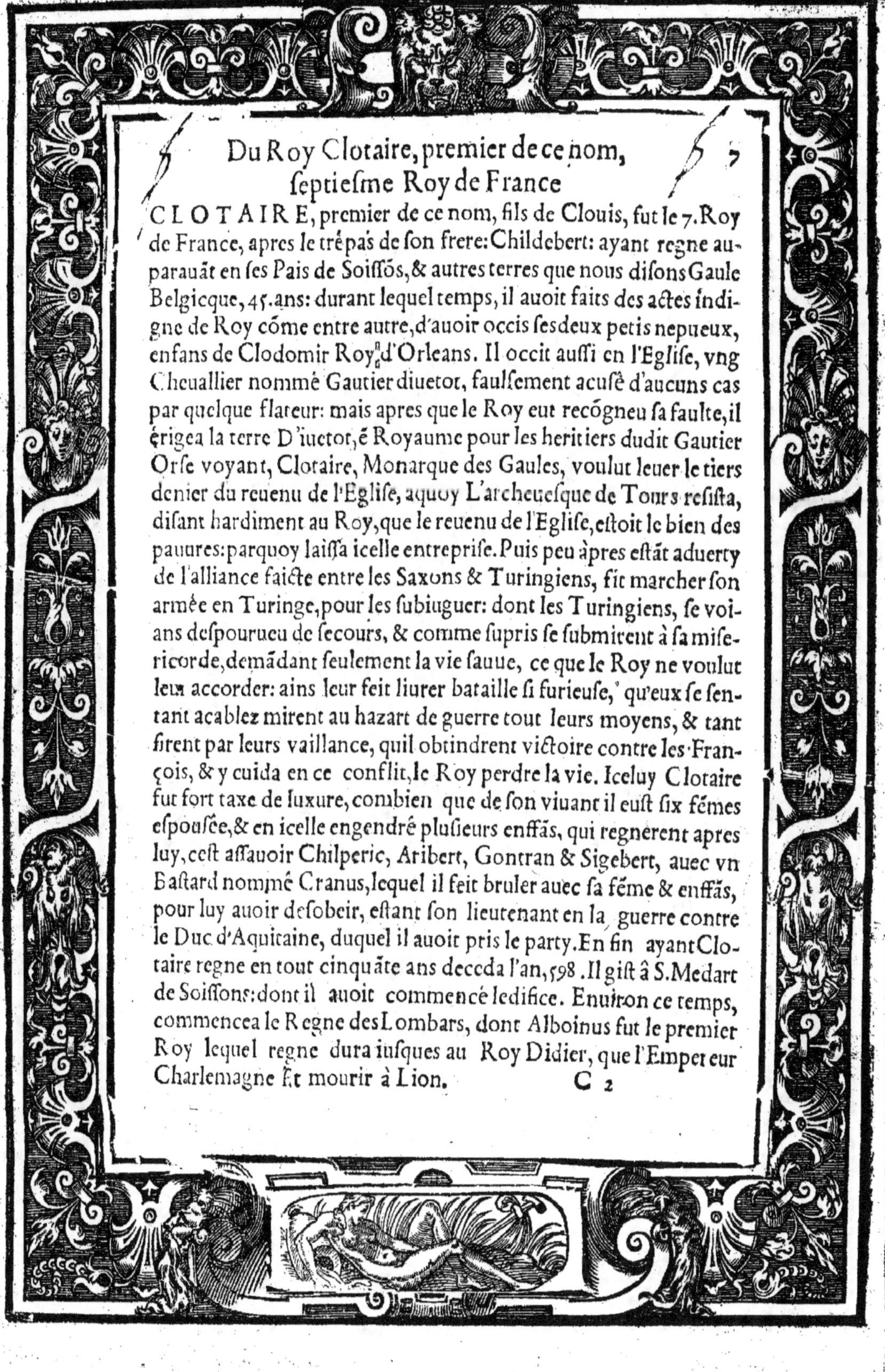

Du Roy Clotaire, premier de ce nom, septiesme Roy de France

CLOTAIRE, premier de ce nom, fils de Clouis, fut le 7. Roy de France, apres le trépas de son frere: Childebert: ayant regne auparauât en ses Pais de Soissôs, & autres terres que nous disons Gaule Belgicque, 45. ans: durant lequel temps, il auoit faits des actes indigne de Roy cóme entre autre, d'auoir occis ses deux petis nepueux, enfans de Clodomir Roy d'Orleans. Il occit aussi en l'Eglise, vng Cheuallier nommé Gautier diuetot, faulsement acusé d'aucuns cas par quelque flateur: mais apres que le Roy eut recógneu sa faulte, il érigea la terre D'iuetot, é Royaume pour les heritiers dudit Gautier Orse voyant, Clotaire, Monarque des Gaules, voulut leuer le tiers denier du reuenu de l'Eglise, aquoy L'archeuesque de Tours resista, disant hardiment au Roy, que le reuenu de l'Eglise, estoit le bien des pauures: parquoy laissa icelle entreprise. Puis peu àpres estát aduerty de l'alliance faicte entre les Saxons & Turingiens, fit marcher son armée en Turinge, pour les subiuguer: dont les Turingiens, se voians despourueu de secours, & comme supris se submirent à sa misericorde, demádant seulement la vie sauue, ce que le Roy ne voulut leur accorder: ains leur feit liurer bataille si furieuse, qu'eux se sentant acablez mirent au hazart de guerre tout leurs moyens, & tant firent par leurs vaillance, quil obtindrent victoire contre les François, & y cuida en ce conflit, le Roy perdre la vie. Iceluy Clotaire fut fort taxe de luxure, combien que de son viuant il eust six fémes espousée, & en icelle engendré plusieurs enffás, qui regnerent apres luy, cest assauoir Chilperic, Aribert, Gontran & Sigebert, auec vn Bastard nommé Cranus, lequel il feit bruler auec sa féme & enffás, pour luy auoir desobeir, estant son lieutenant en la guerre contre le Duc d'Aquitaine, duquel il auoit pris le party. En fin ayant Clotaire regne en tout cinquáte ans decedal l'an, 598. Il gist â S. Medart de Soissons: dont il auoit commencé ledifice. Enuiron ce temps, commencea le Regne des Lombars, dont Alboinus fut le premier Roy lequel regne dura iusques au Roy Didier, que l'Empereur Charlemagne fit mourir à Lion.

C 2

Aribert, huictiesme
Roy de France.

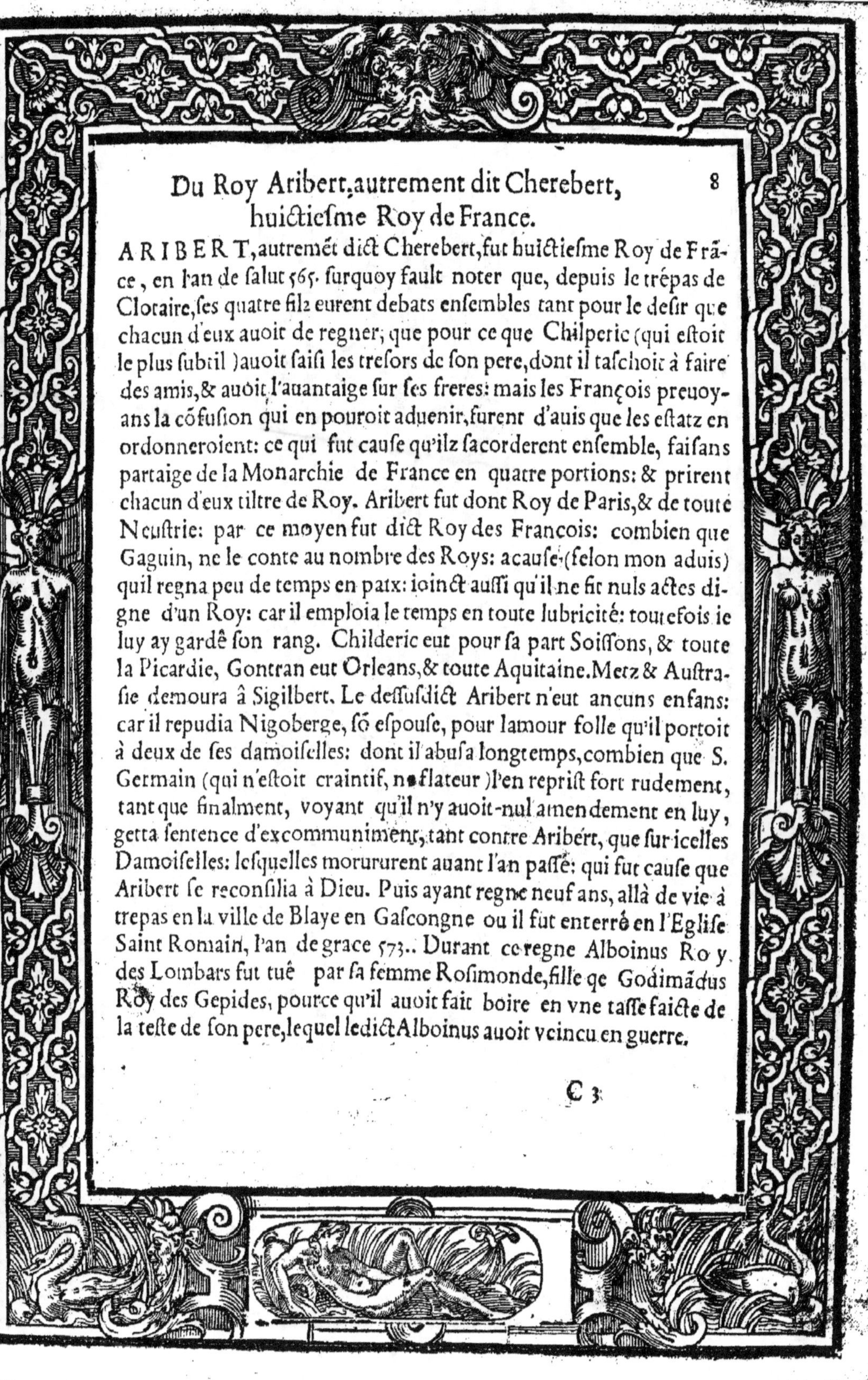

ARIBERT, autremét dict Cherebert, fut huictiesme Roy de Frãce, en l'an de salut 565. surquoy fault noter que, depuis le trépas de
Clotaire, ses quatre filz eurent debats ensembles tant pour le desir que
chacun d'eux auoit de regner, que pour ce que Chilperic (qui estoit
le plus subtil) auoit saisi les tresors de son pere, dont il taschoit à faire
des amis, & auoit l'auantaige sur ses freres: mais les François preuoy-
ans la côfusion qui en pouroit aduenir, furent d'auis que les estatz en
ordonneroient: ce qui fut cause qu'ilz s'acorderent ensemble, faisans
partaige de la Monarchie de France en quatre portions: & prirent
chacun d'eux tiltre de Roy. Aribert fut dont Roy de Paris, & de toute
Neustrie: par ce moyen fut dict Roy des Francois: combien que
Gaguin, ne le conte au nombre des Roys: acause (selon mon aduis)
qu'il regna peu de temps en paix: ioinct aussi qu'il ne fit nuls actes digne d'un Roy: car il emploia le temps en toute lubricité: toutefois ie
luy ay gardê son rang. Childeric eut pour sa part Soissons, & toute
la Picardie, Gontran eut Orleans, & toute Aquitaine. Metz & Austrasie demoura â Sigilbert. Le dessusdict Aribert n'eut ancuns enfans:
car il repudia Nigoberge, sô espouse, pour l'amour folle qu'il portoit
à deux de ses damoiselles: dont il abusa longtemps, combien que S.
Germain (qui n'estoit craintif, ne flateur) l'en reprist fort rudement,
tant que finalment, voyant qu'il n'y auoit nul amendement en luy,
getta sentence d'excommuniment, tant contre Aribert, que sur icelles
Damoiselles: lesquelles morururent auant l'an passé: qui fut cause que
Aribert se reconsilia à Dieu. Puis ayant regne neuf ans, allà de vie à
trepas en la ville de Blaye en Gascongne ou il fut enterrê en l'Eglise
Saint Romain, l'an de grace 573. Durant ce regne Alboinus Roy
des Lombars fut tuê par sa femme Rosimonde, fille qe Godimãdus
Roy des Gepides, pource qu'il auoit fait boire en vne tasse faicte de
la teste de son pere, lequel ledict Alboinus auoit veincu en guerre.

C 3

Chilperic, premier de ce
nom, ix.ᵉ Roy de France.

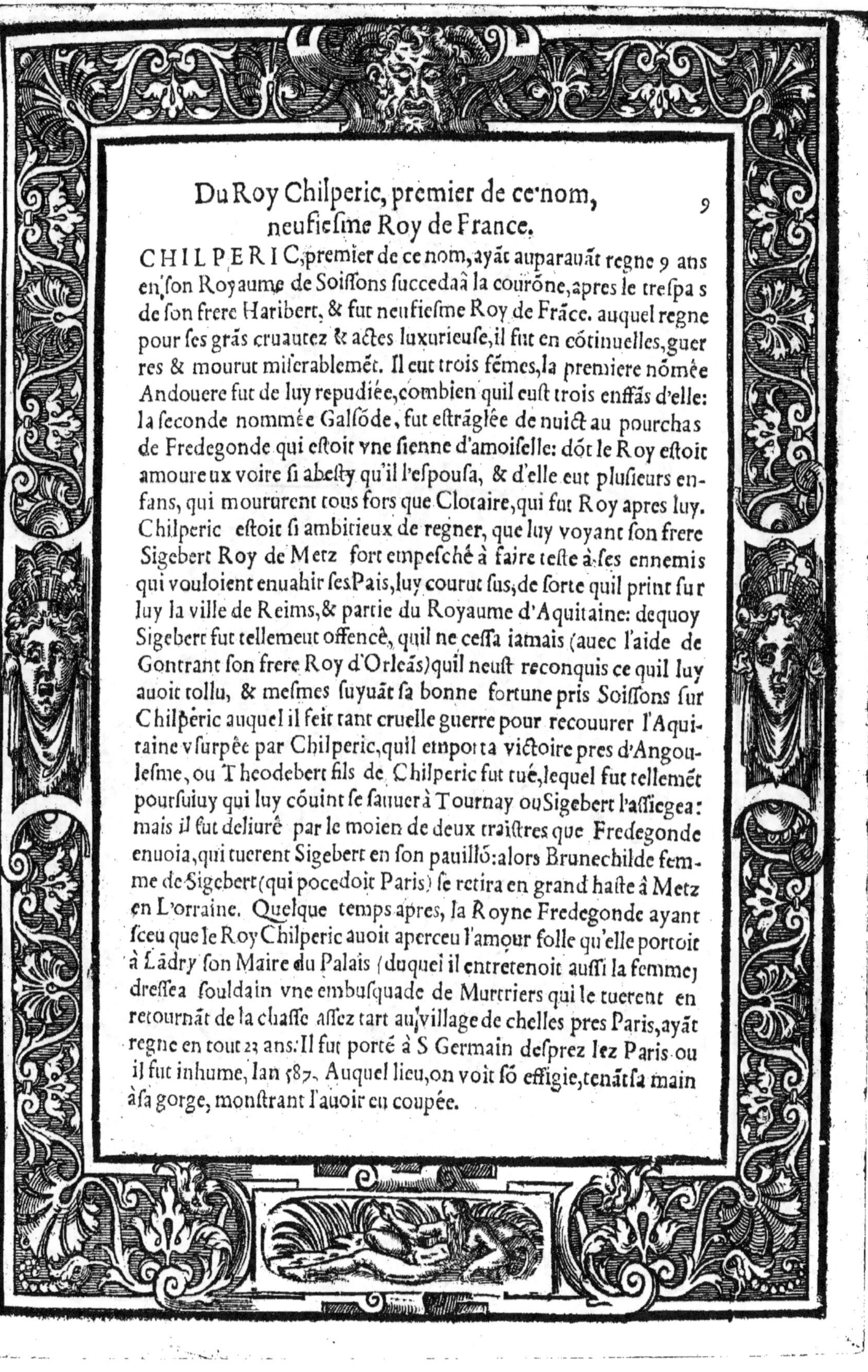

Du Roy Chilperic, premier de ce nom, neufiesme Roy de France.

CHILPERIC, premier de ce nom, ayāt auparauāt regne 9 ans en son Royaume de Soissons succedaâ la courōne, apres le trespa s de son frere Haribert, & fut neufiesme Roy de Frāce. auquel regne pour ses grās cruautez & actes luxurieuse, il fut en cōtinuelles, guer res & mourut miserablemēt. Il eut trois femes, la premiere nōmée Andouere fut de luy repudiée, combien quil eust trois enffās d'elle: la seconde nommée Galsōde, fut estrāglée de nuict au pourchas de Fredegonde qui estoit vne sienne d'amoiselle: dōt le Roy estoit amoureux voire si abesty qu'il l'espousa, & d'elle eut plusieurs enfans, qui moururent tous fors que Clotaire, qui fut Roy apres luy. Chilperic estoit si ambitieux de regner, que luy voyant son frere Sigebert Roy de Metz fort empesché à faire teste à ses ennemis qui vouloient enuahir ses Pais, luy courut sus, de sorte quil print sur luy la ville de Reims, & partie du Royaume d'Aquitaine: dequoy Sigebert fut tellemeut offencè, quil ne cessa iamais (auec l'aide de Gontrant son frere Roy d'Orleās) quil neust reconquis ce quil luy auoit tollu, & mesmes suyuāt sa bonne fortune pris Soissons sur Chilperic auquel il feit tant cruelle guerre pour recouurer l'Aquitaine vsurpēe par Chilperic, quil emporta victoire pres d'Angoulesme, ou Theodebert fils de Chilperic fut tué, lequel fut tellemēt poursuiuy qui luy cōuint se sauuer à Tournay ou Sigebert l'assiegea: mais il fut deliurē par le moien de deux traistres que Fredegonde enuoia, qui tuerent Sigebert en son pauillō: alors Brunechilde femme de Sigebert (qui pocedoit Paris) se retira en grand haste à Metz en L'orraine. Quelque temps apres, la Royne Fredegonde ayant sceu que le Roy Chilperic auoit aperceu l'amour folle qu'elle portoit à Lādry son Maire du Palais (duquel il entretenoit aussi la femme) dressea souldain vne embusquade de Murtriers qui le tuerent en retournāt de la chasse assez tart au village de chelles pres Paris, ayāt regne en tout 23 ans. Il fut porté à S Germain desprez lez Paris ou il fut inhume, Ian 587. Auquel lieu, on voit sō effigie, tenātsa main à sa gorge, monstrant l'auoir eu coupée.

Clotaire, ii. de ce nõ,
xᵉ. Roy de France.

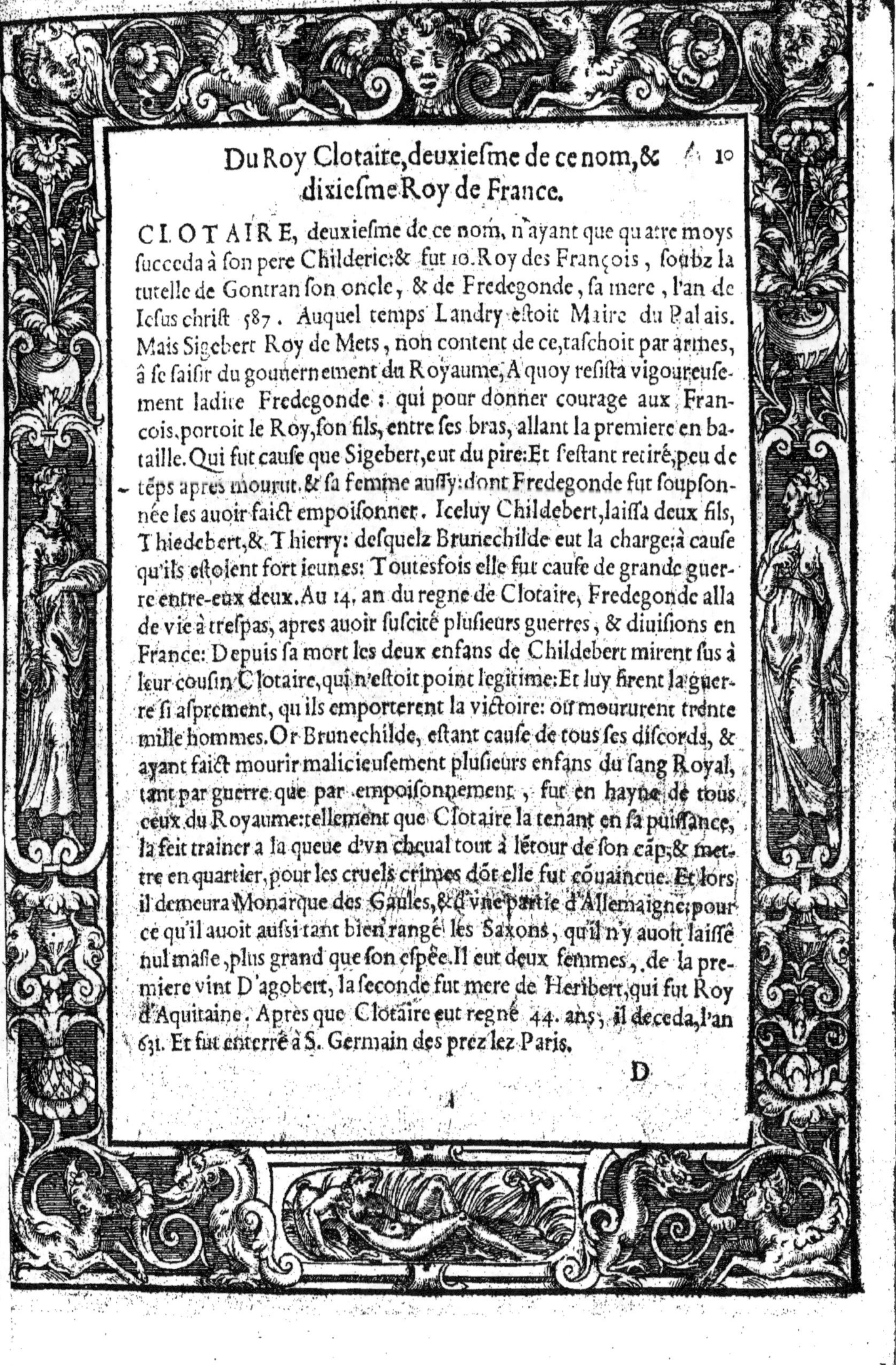

Du Roy Clotaire, deuxiesme de ce nom, & dixiesme Roy de France.

CLOTAIRE, deuxiesme de ce nom, n'ayant que quatre moys succeda à son pere Childeric:& fut 10. Roy des François, soubz la tutelle de Gontran son oncle, & de Fredegonde, sa mere, l'an de Iesus christ 587. Auquel temps Landry estoit Maire du Palais. Mais Sigebert Roy de Mets, non content de ce, taschoit par armes, â se saisir du gouuernement du Royaume, A quoy resista vigoureusement ladite Fredegonde : qui pour donner courage aux François, portoit le Roy, son fils, entre ses bras, allant la premiere en bataille. Qui fut cause que Sigebert, eut du pire:Et s'estant retiré, peu de temps apres mourut, & sa femme aussy:dont Fredegonde fut soupsonnée les auoir faict empoisonner. Iceluy Childebert, laissa deux fils, Thiedebert, & Thierry: desquelz Brunechilde eut la charge:à cause qu'ils estoient fort ieunes: Toutesfois elle fut cause de grande guerre entre-eux deux. Au 14, an du regne de Clotaire, Fredegonde alla de vie à trespas, apres auoir suscité plusieurs guerres, & diuisions en France: Depuis sa mort les deux enfans de Childebert mirent sus à leur cousin Clotaire, qui n'estoit point legitime:Et luy firent la guerre si asprement, qu'ils emporterent la victoire: où moururent trente mille hommes. Or Brunechilde, estant cause de tous ses discords, & ayant faict mourir malicieusement plusieurs enfans du sang Royal, tant par guerre que par empoisonnement, fut en hayne de tous ceux du Royaume:tellement que Clotaire la tenant en sa puissance, la feit trainer a la queue d'vn cheual tout à l'étour de son cãp;& mettre en quartier, pour les cruels crimes dõt elle fut cõuaincue. Et lors il demeura Monarque des Gaules, & d'vne partie d'Allemaigne;pour ce qu'il auoit aussi tant bien rangé les Saxons, qu'il n'y auoit laissé nul masse ,plus grand que son espée. Il eut deux femmes, de la premiere vint D'agobert, la seconde fut mere de Heribert, qui fut Roy d'Aquitaine. Apres que Clotaire eut regné 44. ans, il deceda, l'an 631. Et fut enterré à S. Germain des prez lez Paris.

D

D'Agobert, premier de ce
nom xi. Roy de, France.

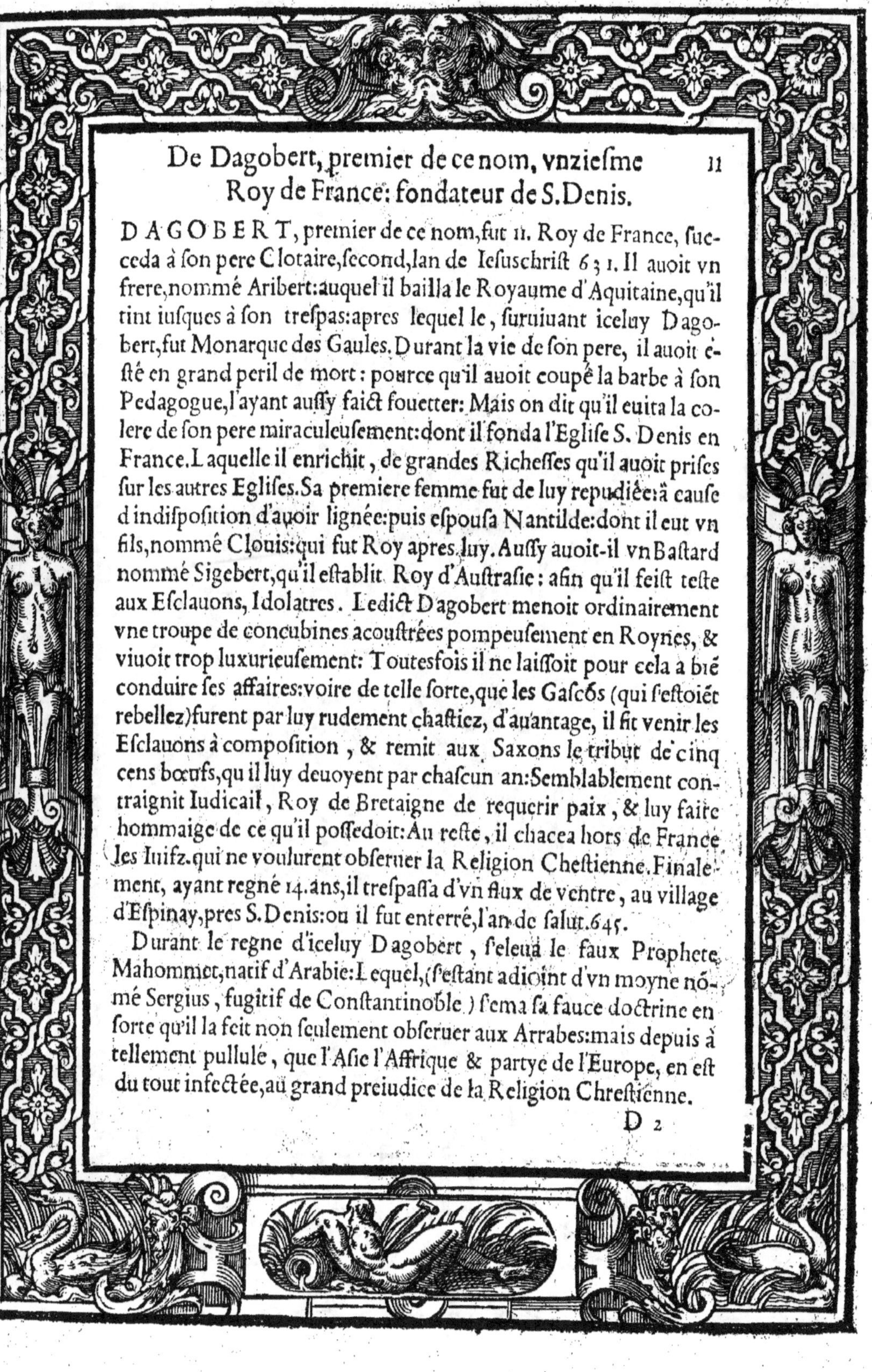

DAGOBERT, premier de ce nom, fut 11. Roy de France, fucceda à fon pere Clotaire, fecond, lan de Iefuschrift 631. Il auoit vn
frere, nommé Aribert: auquel il bailla le Royaume d'Aquitaine, qu'il
tint iufques à fon trefpas: apres lequel le, furuiuant iceluy Dagobert, fut Monarque des Gaules. Durant la vie de fon pere, il auoit e-
fté en grand peril de mort: pource qu'il auoit coupé la barbe à fon
Pedagogue, l'ayant auffy faiét fouetter: Mais on dit qu'il euita la co-
lere de fon pere miraculeufement: dont il fonda l'Eglife S. Denis en
France. Laquelle il enrichit, de grandes Richeffes qu'il auoit prifes
fur les autres Eglifes. Sa premiere femme fut de luy repudiée: à caufe
d'indifpofition d'auoir lignée: puis efpoufa Nantilde: dont il eut vn
fils, nommé Clouis: qui fut Roy apres luy. Auffy auoit-il vn Baftard
nommé Sigebert, qu'il eftablit Roy d'Auftrafie: afin qu'il feift tefte
aux Efclauons, Idolatres. Ledict Dagobert menoit ordinairement
vne troupe de concubines acouftrées pompeufement en Roynes, &
viuoit trop luxurieufement: Toutesfois il ne laiffoit pour cela a bié
conduire fes affaires: voire de telle forte, que les Gafcós (qui f'eftoiét
rebellez) furent par luy rudement chaftiez, d'auantage, il fit venir les
Efclauons à compofition, & remit aux Saxons le tribut de cinq
cens bœufs, qu'il luy deuoyent par chafcun an: Semblablement contraignit Iudicail, Roy de Bretaigne de requerir paix, & luy faire
hommaige de ce qu'il poffedoit: Au refte, il chacea hors de France
les Iuifz. qui ne voulurent obferuer la Religion Cheftienne. Finalement, ayant regné 14. ans, il trefpaffa d'vn flux de ventre, au village
d'Efpinay, pres S. Denis: ou il fut enterré, l'an de falut. 645.

Durant le regne d'iceluy Dagobert, f'eleua le faux Prophete
Mahommet, natif d'Arabie: Lequel, (f'eftant adioint d'vn moyne nómé Sergius, fugitif de Conftantinoble) fema fa fauce doétrine en
forte qu'il la feit non feulement obferuer aux Arrabes: mais depuis à
tellement pullulé, que l'Afie l'Affrique & partye de l'Europe, en eft
du tout infeétée, au grand preiudice de la Religion Chreftienne.

Clouis ii. de ce nom
xii. Rey de France.

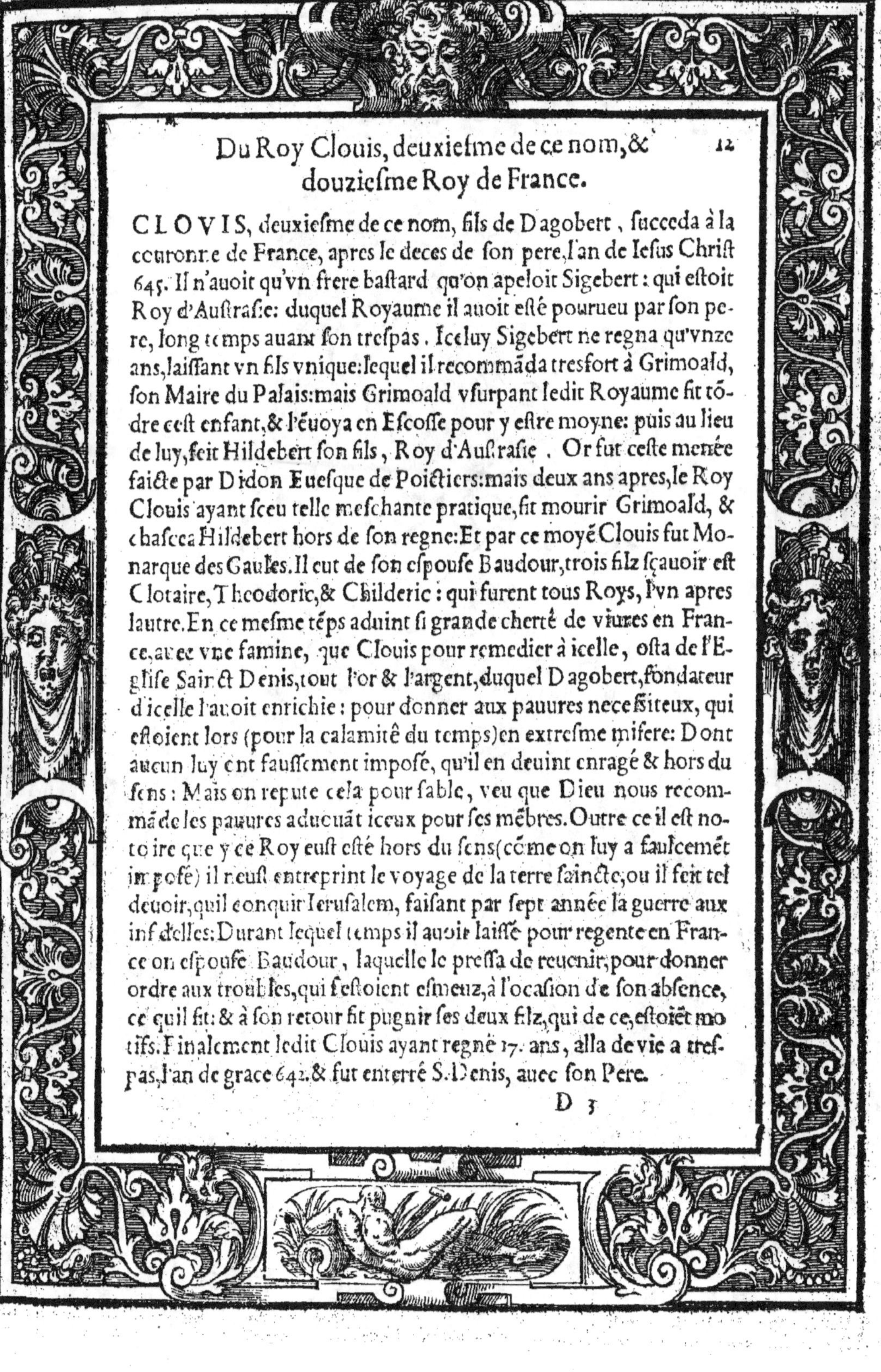

Du Roy Clouis, deuxiefme de ce nom, & douziefme Roy de France.

CLOVIS, deuxiefme de ce nom, fils de Dagobert, fucceda à la couronne de France, apres le deces de fon pere, l'an de Iefus Chrift 645. Il n'auoit qu'vn frere baftard qu'on apeloit Sigebert: qui eftoit Roy d'Auftrafie: duquel Royaume il auoit efté pourueu par fon pere, long temps auant fon trefpas. Iceluy Sigebert ne regna qu'vnze ans, laiffant vn fils vnique: lequel il recommãda tresfort à Grimoald, fon Maire du Palais: mais Grimoald vfurpant ledit Royaume fit tõdre ceft enfant, & l'éuoya en Efcoffe pour y eftre moyne: puis au lieu de luy, feit Hildebert fon fils, Roy d'Auftrafie. Or fut cefte menée faicte par Didon Euefque de Poictiers: mais deux ans apres, le Roy Clouis ayant fceu telle mefchante pratique, fit mourir Grimoald, & chaffea Hildebert hors de fon regne: Et par ce moyé Clouis fut Monarque des Gaules. Il eut de fon efpoufe Baudour, trois filz fçauoir eft Clotaire, Theodoric, & Childeric: qui furent tous Roys, l'vn apres l'autre. En ce mefme téps aduint fi grande cherté de viures en France, auec vne famine, que Clouis pour remedier à icelle, ofta de l'Eglife Sainct Denis, tout l'or & l'argent, duquel Dagobert, fondateur d'icelle l'auoit enrichie: pour donner aux pauures neceffiteux, qui eftoient lors (pour la calamité du temps) en extrefme mifere: Dont aucun luy ont fauffement impofé, qu'il en deuint enragé & hors du fens: Mais on repute cela pour fable, veu que Dieu nous recommãde les pauures aduouãt iceux pour fes mébres. Outre ce il eft notoire que y ce Roy euft efté hors du fens (cõme on luy a fauffemét impofé) il n'euft entreprint le voyage de la terre faincte, ou il feit tel deuoir, qu'il conquit Ierufalem, faifant par fept année la guerre aux infidelles: Durant lequel temps il auoit laiffé pour regente en France on efpoufe Baudour, laquelle le preffa de reuenir, pour donner ordre aux troubles, qui f'eftoient efmeuz, à l'ocafion de fon abfence, ce quil fit: & à fon retour fit pugnir fes deux filz, qui de ce, eftoiét motifs. Finalement ledit Clouis ayant regné 17. ans, alla de vie a trefpas, l'an de grace 642. & fut enterré S. Denis, auec fon Pere.

D 3

Clotaire iij°.de ce nom
xiij e.Roy de France.

C L O T A I R E, 3. de ce nom, filz de Clouis ſecond fut apres le
deces de ſon pere.couronné Roy de France,lan de ſalut 663.Il eſtoit
ſi peu curieux de maintenir ſa grandeur,& maieſté Royalle,quil inſtitua Ebrouin ſon Maire du Palais, gouuerneur de toute les afferes
publiques de ſon Royaume : qui fut cauſe quiceluy Maire, auſſy ſes
ſucceſſeurs, prindrent telle authorité, que les Roys furent par apres
comme vaſſaux:& ſe tenoient en quelque chaſteaux & lieux de plaiſirs, ou ils ſ'adonnoyent a toute volupté, ſortant ſeulement de la
vne fois là, au premier iour du moys de May, pour faire leurs mō-
ſtres en grand apareil, & ſumptuoſitez,eſtant montez ſur vn chariot
en triūphe.Alors le peuple(qui prenoit plaiſir en telles fanfares)les
ſaluoint par grāde exclamatiō:cela faict ſe retiroient en leur ſeiour
ſans ſe ſoucier daucune choſe du faict de leur Royaume. Ceſte faſſō
de faire a duré iuſque à Pepin le Bref qui de Maire du Palais ſe feit
Roy de Frāce cōme il ſera dict cy apres. Outre ce durāt le regne de
telz Roys,qui ne vaquoyēt qua leurs voluptez & plaiſirs,le Royaume diminua en ſorte que Paris,& Normandie, eſtoit le principal de
leur domaine:Car pluſieurs princes occupoyēt le reſte des prouinces,deſpendant de la couronne:Et nōmemēt lAquitaine,qui eſtoit
lors vn Royaume tres opulent luy fut tolu, par les Princes de Gaſ-
co ngne, Quercy,& Perigort, & autre Gouuerneurs cōme Baillifz
& Seneſchaux deſdits pays : qui ſe firent nommer Ducs & Con-
tes:Leſquels par la pareſſe,& nonchalance des Roys ſes ſucceſſeurs,
ont poſſedé leſdictes prouinces d'Aquitaine, iuſques au regne de
Charles martel,qui tua le Duc Eude qui auoit dōné paſſage au Sarazins qui vouloient enuahir la France. Et furent rē-vniz icelles Prouinces d'Aquitaine a la courōne.Dont Pepin fils diceluy Martel(qui
paruint à ce degrê Royal) fut paiſible, apres la mort de Gayffer filz
dudit Eude,qui ſefforçoit locuper par armes. Et apres que ce Roy
Clotaire, eut regné quatre ans, deceda lan de grace 667.ne laiſſans
aucuns enfans pour luy ſucceder.

Childeric, deuxiesme de ce
nom, xiij. Roy de France.

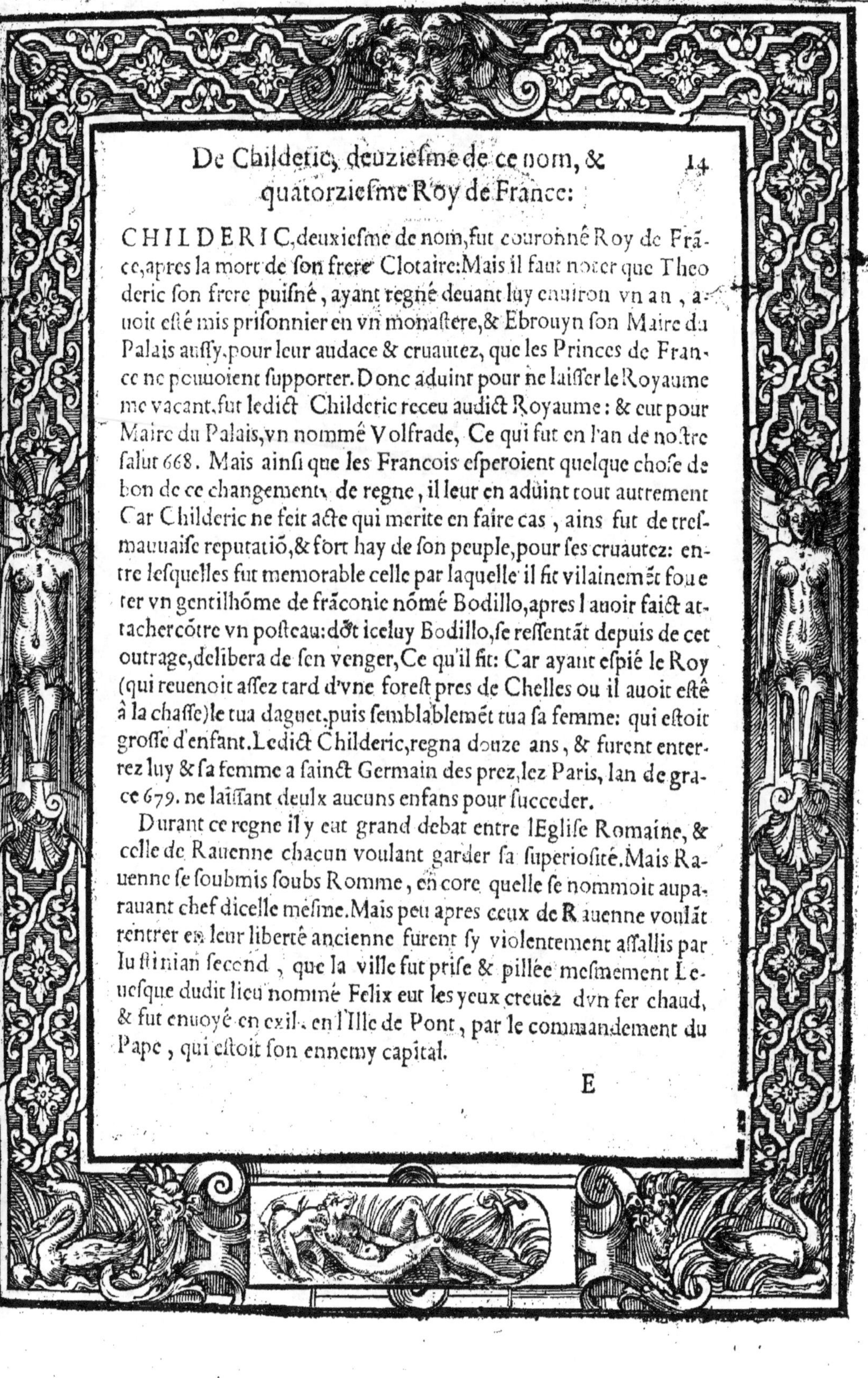

CHILDERIC,deuxiefme de nom,fut couronné Roy de Frã-
ce,apres la mort de fon frere Clotaire:Mais il faut noter que Theo
deric fon frere puifné , ayant regné deuant luy enuiron vn an , a-
uoit efté mis prifonnier en vn monaftere,& Ebrouyn fon Maire du
Palais auffy,pour leur audace & cruautez, que les Princes de France ne pouuoient fupporter. Donc aduint pour ne laiffer le Royaume vacant,fut ledict Childeric receu audict Royaume : & eut pour
Maire du Palais,vn nommé Volfrade, Ce qui fut en l'an de noftre
falut 668. Mais ainfi que les Francois efperoient quelque chofe de
bon de ce changement, de regne, il leur en aduint tout autrement
Car Childeric ne feit acte qui merite en faire cas , ains fut de tref-
mauuaife reputatió,& fort hay de fon peuple,pour fes cruautez: entre lefquelles fut memorable celle par laquelle il fit vilainemét foue
ter vn gentilhómede frãconie nómé Bodillo,apres l auoir faict at-
tachercótre vn pofteau:dõt iceluy Bodillo,fe reffentãt depuis de cet
outrage,delibera de fen venger,Ce qu'il fit: Car ayant efpié le Roy
(qui reuenoit affez tard d'vne foreft pres de Chelles ou il auoit efté
à la chaffe)le tua daguet,puis femblablemét tua fa femme: qui eftoit
groffe d'enfant.Ledict Childeric,regna douze ans , & furent enter-
rez luy & fa femme a fainct Germain des prez,lez Paris, lan de grace 679. ne laiffant deulx aucuns enfans pour fucceder.

Durant ce regne il y eut grand debat entre lEglife Romaine,&
celle de Rauenne chacun voulant garder fa fuperiofité.Mais Rauenne fe foubmis foubs Romme, en core quelle fe nommoit auparauant chef dicelle mefine.Mais peu apres ceux de Rauenne voulãt
rentrer en leur liberté ancienne furent fy violentement affallis par
Iuftinian fecond , que la ville fut prife & pillée mefmement Leuef-
que dudit lieu nommé Felix eut les yeux creuez dvn fer chaud,
& fut enuoyé en exil, en l'Ifle de Pont, par le commandement du
Pape , qui eftoit fon ennemy capital.

E

Theodoric, premier de ce
nom xv. Roy de France

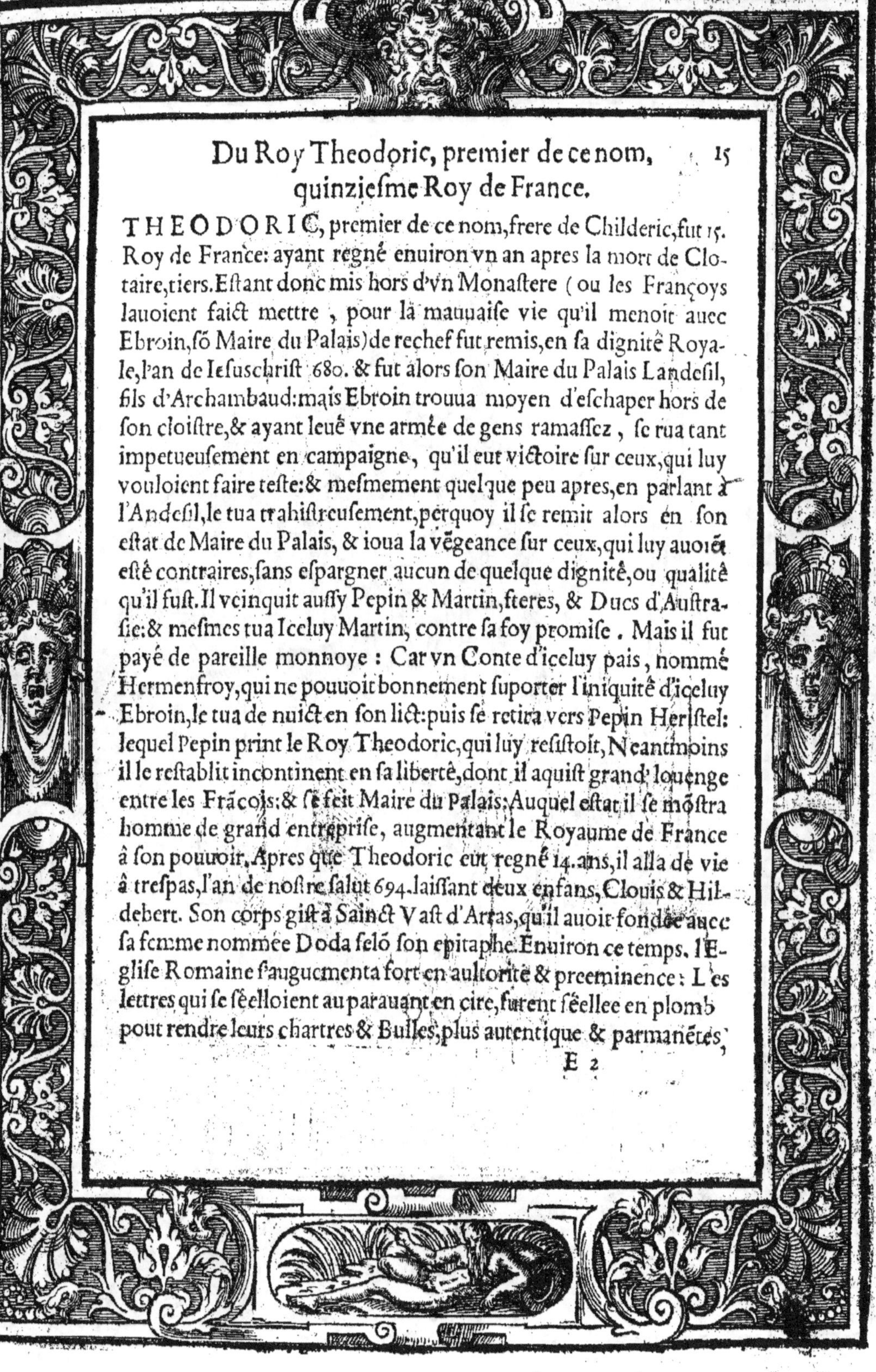

THEODORIC, premier de ce nom, frere de Childeric, fut 15.
Roy de France: ayant regné enuiron vn an apres la mort de Clotaire, tiers. Eſtant donc mis hors d'vn Monaſtere (ou les François
lauoient faiƈt mettre , pour la mauuaiſe vie qu'il menoit auec
Ebroin, ſõ Maire du Palais) de rechef fut remis, en ſa dignité Roya-
le, l'an de Ieſuschriſt 680. & fut alors ſon Maire du Palais Landeſil,
fils d'Archambaud: mais Ebroin trouua moyen d'eſchaper hors de
ſon cloiſtre, & ayant leué vne armée de gens ramaſſez , ſe rua tant
impetueuſement en campaigne, qu'il eut viƈtoire ſur ceux, qui luy
vouloient faire teſte: & meſmement quelque peu apres, en parlant à
l'Andeſil, le tua trahiſtreuſement, perquoy il ſe remit alors en ſon
eſtat de Maire du Palais, & ioua la vēgeance ſur ceux, qui luy auoiēt
eſté contraires, ſans eſpargner aucun de quelque dignité, ou qualité
qu'il fuſt. Il veinquit auſſy Pepin & Martin, fteres, & Ducs d'Auſtra-
ſie: & meſmes tua Iceluy Martin, contre ſa foy promiſe . Mais il fut
payé de pareille monnoye : Car vn Conte d'iceluy pais, hommé
Hermenfroy, qui ne pouuoit bonnement ſuporter l'iniquité d'iceluy
Ebroin, le tua de nuiƈt en ſon liƈt: puis ſe retira vers Pepin Heriſtel:
lequel Pepin print le Roy Theodoric, qui luy reſiſtoit, Neantmoins
il le reſtablit incontinent en ſa liberté, dont il aquiſt grand louēge
entre les Frācois: & ſe feit Maire du Palais: Auquel eſtat il ſe mõſtra
homme de grand entrepriſe, augmentant le Royaume de France
à ſon pouuoir. Apres que Theodoric eut regné 14. ans, il alla de vie
à treſpas, l'an de noſtre ſalut 694. laiſſant deux enfans, Clouis & Hildebert. Son corps giſt à Sainƈt Vaſt d'Artas, qu'il auoit fondé auec
ſa femme nommée Doda felõ ſon epitaphe. Enuiron ce temps. l'E-
gliſe Romaine s'augmenta fort en aultorité & preeminence : Les
lettres qui ſe ſéelloient au parauant en cire, furent ſéellee en plomb
pout rendre leurs chartres & Bulles, plus autentique & parmanétes,

E 2

Clouis, troisiesme de ce no xvi. Roy de France

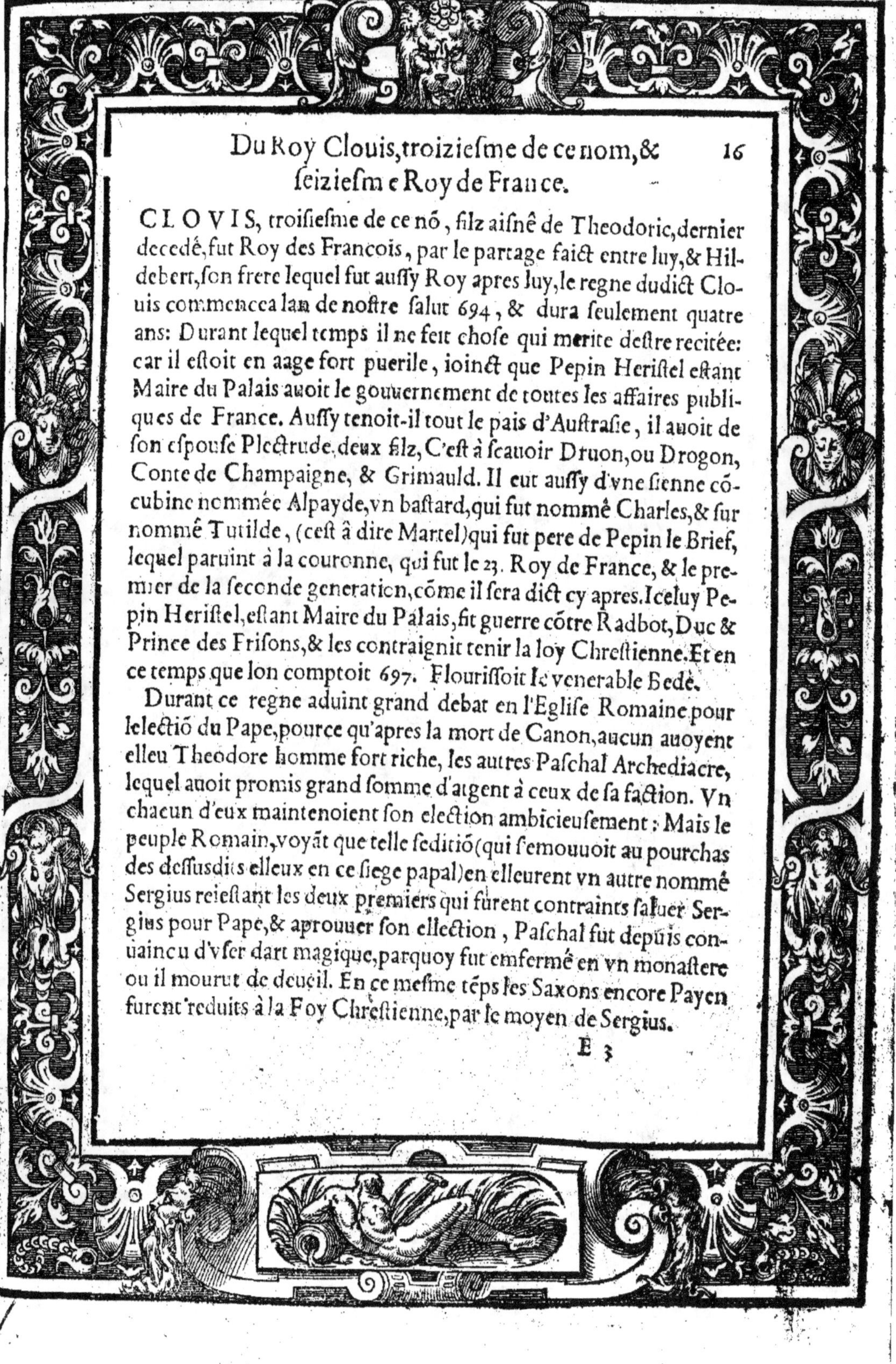

CLOVIS, troisiesme de ce nó, filz aisnê de Theodoric, dernier
decedé, fut Roy des François, par le partage faict entre luy, & Hildebert, son frere lequel fut aussy Roy apres luy, le regne dudict Clouis commencea lan de nostre salut 694, & dura seulement quatre
ans: Durant lequel temps il ne feit chose qui merite destre recitée:
car il estoit en aage fort puerile, ioinct que Pepin Heristel estant
Maire du Palais auoit le gouuernement de toutes les affaires publiques de France. Aussy tenoit-il tout le pais d'Austrasie, il auoit de
son espouse Plectrude, deux filz, C'est à scauoir Druon, ou Drogon,
Conte de Champaigne, & Grimauld. Il eut aussy d'vne sienne có-
cubine nommée Alpayde, vn bastard, qui fut nommé Charles, & sur
nommé Tutilde, (cest à dire Martel) qui fut pere de Pepin le Brief,
lequel paruint à la couronne, qui fut le 23. Roy de France, & le premier de la seconde generation, cóme il sera dict cy apres. Iceluy Pepin Heristel, estant Maire du Palais, fit guerre cótre Radbot, Duc &
Prince des Frisons, & les contraignit tenir la loy Chrestienne. Et en
ce temps que lon comptoit 697. Flourissoit le venerable Bedé.

Durant ce regne aduint grand debat en l'Eglise Romaine pour
lelectió du Pape, pource qu'apres la mort de Canon, aucun auoyent
elleu Theodore homme fort riche, les autres Paschal Archediacre,
lequel auoit promis grand somme d'argent à ceux de sa faction. Vn
chacun d'eux maintenoient son election ambicieusement: Mais le
peuple Romain, voyãt que telle seditió (qui semouuoit au pourchas
des dessusdits elleux en ce siege papal) en elleurent vn autre nommé
Sergius reiestant les deux premiers qui furent contraints saluer Sergius pour Pape, & aprouuer son ellection, Paschal fut depuis con-
uaincu d'vser dart magique, parquoy fut emfermé en vn monastere
ou il mourut de deuçil. En ce mesme téps les Saxons encore Payen
furent reduits à la Foy Chrestienne, par le moyen de Sergius.

E 3

Hildebert ſecod de ce nom
& xvii. Roy de France.

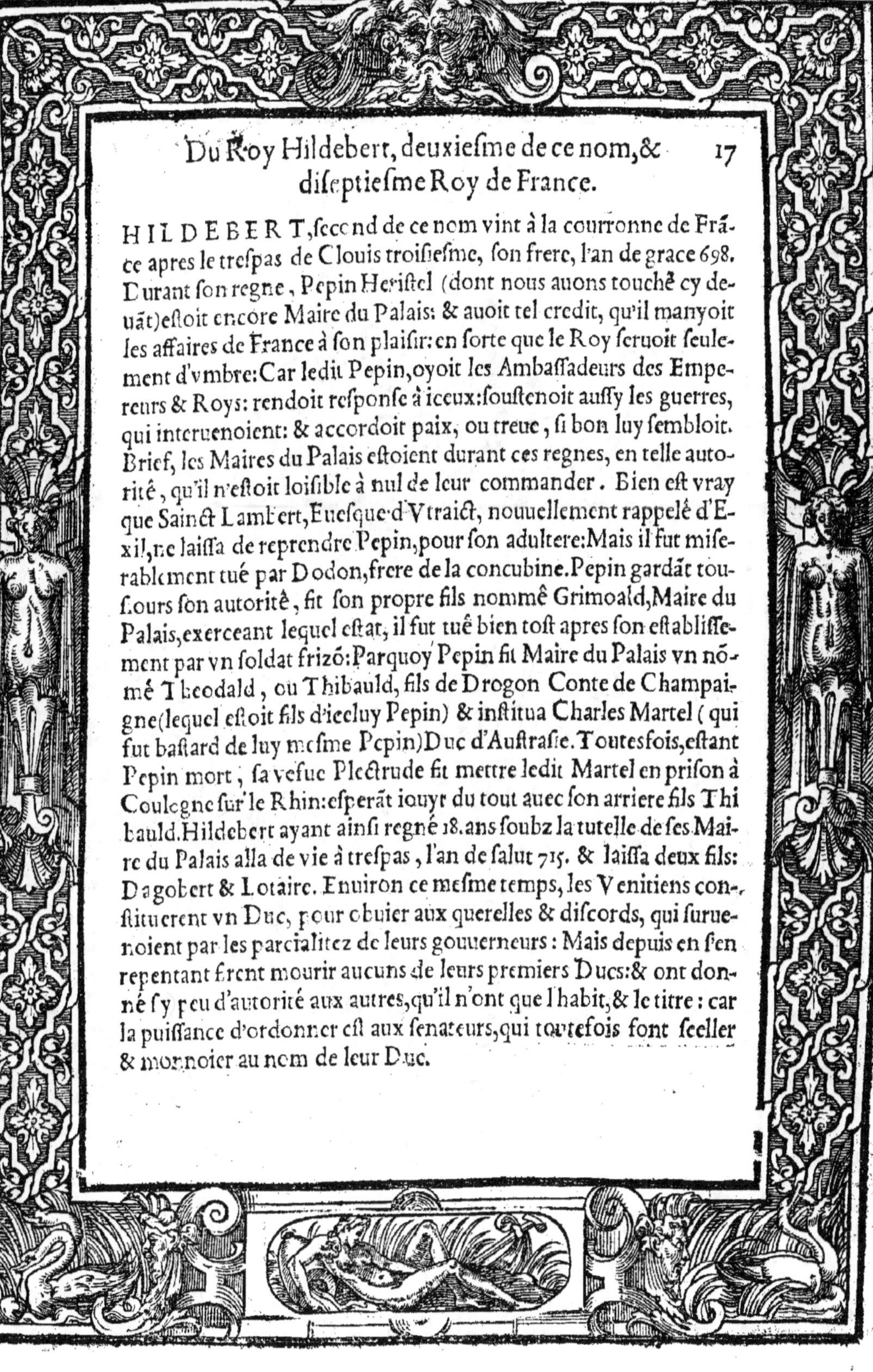

HILDEBERT,feccnd de ce nom vint à la courronne de Frá-
ce apres le trefpas de Clouis troifiefme, fon frere, l'an de grace 698.
Durant fon regne, Pepin Heriftel (dont nous auons touché cy deuát)eftoit encore Maire du Palais: & auoit tel credit, qu'il manyoit
les affaires de France à fon plaifir: en forte que le Roy feruoit feulement d'vmbre:Car ledit Pepin,oyoit les Ambaffadeurs des Empereurs & Roys: rendoit refponfe à iceux:fouftenoit auffy les guerres,
qui interuenoient: & accordoit paix, ou treue, fi bon luy fembloit.
Brief, les Maires du Palais eftoient durant ces regnes, en telle autorité, qu'il n'eftoit loifible à nul de leur commander . Bien eft vray
que Sainct Lambert,Euefque d'Vtraict, nouuellement rappelé d'E-
xil,ne laiffa de reprendre Pepin,pour fon adultere:Mais il fut mife-
rablement tué par Dodon,frere de la concubine.Pepin gardát toufiours fon autorité, fit fon propre fils nommé Grimoald,Maire du
Palais,exerceant lequel eftat, il fut tué bien toft apres fon eftabliffe-
ment par vn foldat frizó:Parquoy Pepin fit Maire du Palais vn nómé Theodald, ou Thibauld, fils de Drogon Conte de Champai-
gne(lequel eftoit fils d'iceluy Pepin) & inftitua Charles Martel (qui
fut baftard de luy mefme Pepin)Duc d'Auftrafie.Toutesfois,eftant
Pepin mort, fa vefue Plectrude fit mettre ledit Martel en prifon à
Coulcgne fur le Rhin:efperát iouyr du tout auec fon arriere fils Thi
bauld.Hildebert ayant ainfi regné 18.ans foubz la tutelle de fes Maire du Palais alla de vie à trefpas , l'an de falut 715. & laiffa deux fils:
Dagobert & Lotaire. Enuiron ce mefme temps, les Venitiens con-
ftituerent vn Duc, pour obuier aux querelles & difcords, qui furue-
noient par les parcialitez de leurs gouuerneurs : Mais depuis en f'en
repentant firent mourir aucuns de leurs premiers Ducs:& ont donné fy peu d'autorité aux autres,qu'il n'ont que l'habit,& le titre : car
la puiffance d'ordonner eft aux fenateurs,qui toutefois font feeller
& monnoier au nom de leur Duc.

Dagobert, second de ce no.
& xviij. Roy de France.

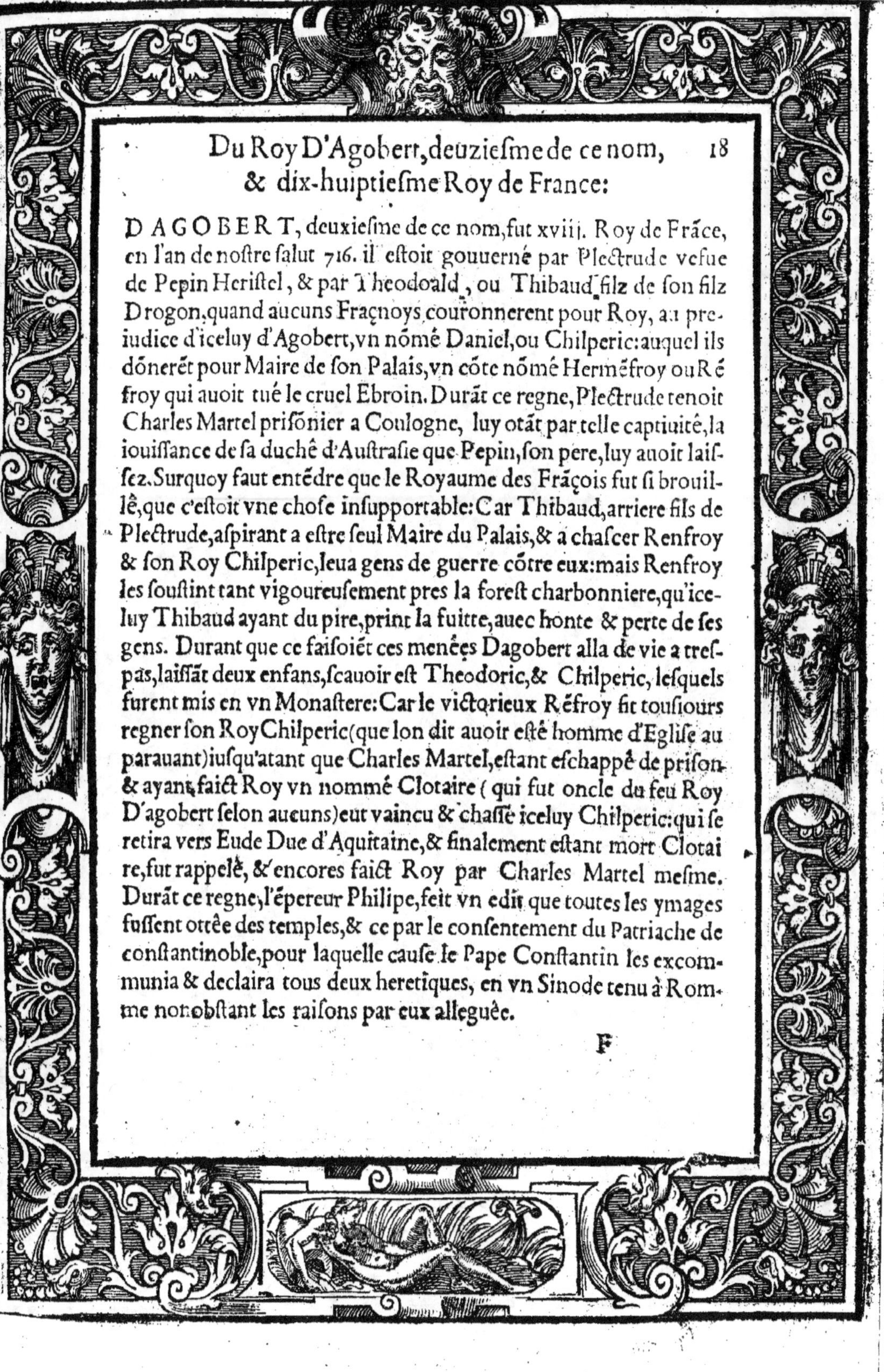

DAGOBERT, deuxiefme de ce nom, fut xviij. Roy de Fráce,
en l'an de noftre falut 716. il eftoit gouuerné par Plectrude vefue
de Pepin Heriftel, & par Theodoald, ou Thibaud filz de fon filz
Drogon, quand aucuns Fraçnoys couronnerent pour Roy, au preiudice d'iceluy d'Agobert, vn nómé Daniel, ou Chilperic: auquel ils
dónerét pour Maire de fon Palais, vn côte nómé Herméfroy ou Ré
froy qui auoit tué le cruel Ebroin. Durát ce regne, Plectrude tenoit
Charles Martel prifónier a Coulogne, luy otát par telle captiuité, la
iouiffance de fa duché d'Auftrafie que Pepin, fon pere, luy auoit laif-
fez. Surquoy faut entédre que le Royaume des Fráçois fut fi brouil-
lé, que c'eftoit vne chofe infupportable: Car Thibaud, arriere fils de
Plectrude, afpirant a eftre feul Maire du Palais, & a chafcer Renfroy
& fon Roy Chilperic, leua gens de guerre côtre eux: mais Renfroy
les fouftint tant vigoureufement pres la foreft charbonniere, qu'iceluy Thibaud ayant du pire, print la fuitte, auec honte & perte de fes
gens. Durant que ce faifoiét ces menées Dagobert alla de vie a trefpas, laiffát deux enfans, fcauoir eft Theodoric, & Chilperic, lefquels
furent mis en vn Monaftere: Car le victorieux Réfroy fit toufiours
regner fon Roy Chilperic (que lon dit auoir efté homme d'Eglife au
parauant) iufqu'atant que Charles Martel, eftant efchappé de prifon
& ayant faict Roy vn nommé Clotaire (qui fut oncle du feu Roy
D'agobert felon aucuns) eut vaincu & chaffé iceluy Chilperic: qui fe
retira vers Eude Duc d'Aquitaine, & finalement eftant mort Clotai
re, fut rappelé, & encores faict Roy par Charles Martel mefme.
Durát ce regne, l'épereur Philipe, feit vn edit que toutes les ymages
fuffent ottée des temples, & ce par le confentement du Patriache de
conftantinoble, pour laquelle caufe le Pape Conftantin les excom-
munia & declaira tous deux heretiques, en vn Sinode tenu à Romme nonobftant les raifons par eux alleguée.

F

Clotaire iii. du nom
xix. Roy de France.

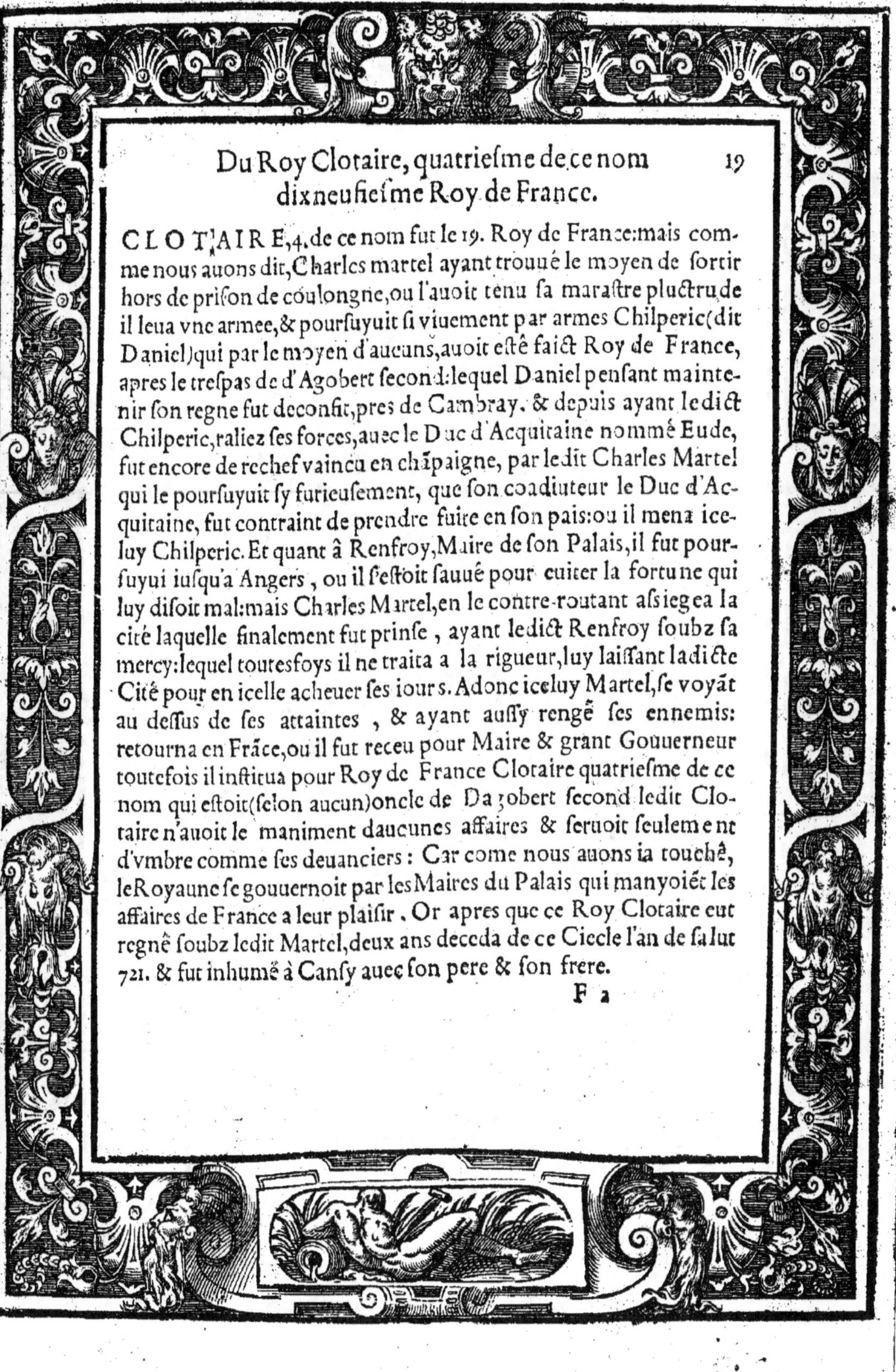

CLOTAIRE,4.de ce nom fut le 19. Roy de France:mais comme nous auons dit,Charles martel ayant trouué le moyen de sortir hors de prison de coulongne,ou l'auoit tenu sa marastre pluctrude il leua vne armee,& poursuyuit si viuement par armes Chilperic(dit Daniel)qui par le moyen d'aucuns,auoit esté faict Roy de France, apres le trespas de d'Agobert second:lequel Daniel pensant maintenir son regne fut deconfit,pres de Cambray. & depuis ayant le dict Chilperic,raliez ses forces,auec le Duc d'Acquitaine nommé Eude, fut encore de rechef vaincu en chãpaigne, par ledit Charles Martel qui le poursuyuit sy furieusement, que son coadiuteur le Duc d'Acquitaine, fut contraint de prendre fuite en son pais:ou il menã iceluy Chilperic.Et quant â Renfroy,Maire de son Palais,il fut poursuyui iusqu'a Angers , ou il s'estoit sauué pour euiter la fortune qui luy disoit mal:mais Charles Martel,en le contre-routant assiegea la cité laquelle finalement fut prinse , ayant ledict Renfroy soubz sa mercy:lequel toutesfoys il ne traita a la rigueur,luy laissant ladicte Cité pour en icelle acheuer ses iours.Adonc iceluy Martel,se voyãt au dessus de ses attaintes , & ayant aussy rengé ses ennemis: retourna en Frãce,ou il fut receu pour Maire & grant Gouuerneur toutefois il institua pour Roy de France Clotaire quatriesme de ce nom qui estoit(selon aucun)oncle de Dazobert second ledit Clotaire n'auoit le maniment daucunes affaires & seruoit seulemẽnt d'vmbre comme ses deuanciers : Car come nous auons ia touchê, le Royaune se gouuernoit par les Maires du Palais qui manyoiét les affaires de France a leur plaisir . Or apres que ce Roy Clotaire eut regnê soubz ledit Martel,deux ans deceda de ce Ciecle l'an de salut 721. & fut inhumê à Cansy auec son pere & son frere.

F 2

Chilperic, dit Daniel
xx. Roy de France

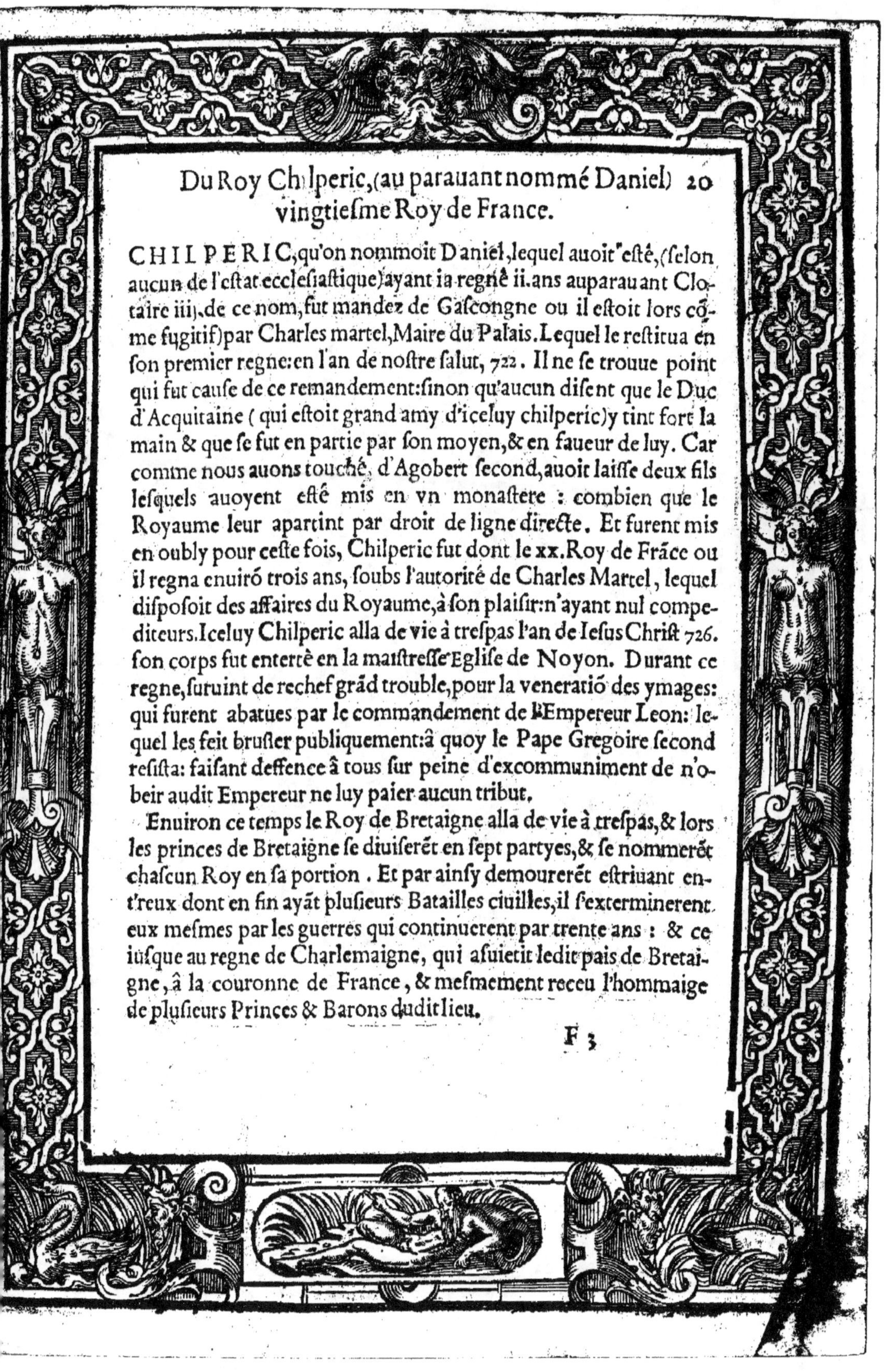

CHILPERIC,qu'on nommoit Daniel,lequel auoit esté,(selon
aucun de l'estat ecclesiastique)ayant ia regnê ii.ans auparauant Clotaire iiij.de ce nom,fut mandez de Gascongne ou il estoit lors cõme fugitif)par Charles martel,Maire du Palais.Lequel le restitua en
son premier regne:en l'an de nostre salut, 722. Il ne se trouue point
qui fut cause de ce remandement:sinon qu'aucun disent que le Duc
d'Acquitaine (qui estoit grand amy d'iceluy chilperic)y tint fort la
main & que se fut en partie par son moyen,& en faueur de luy. Car
comme nous auons touché, d'Agobert second,auoit laisse deux fils
lesquels auoyent esté mis en vn monastere : combien que le
Royaume leur apartint par droit de ligne directe. Et furent mis
en oubly pour ceste fois, Chilperic fut dont le **xx**.Roy de Frãce ou
il regna enuirõ trois ans, soubs l'autorité de Charles Martel, lequel
disposoit des affaires du Royaume,à son plaisir:n'ayant nul compe-
diteurs.Iceluy Chilperic alla de vie à trespas l'an de Iesus Christ 726.
son corps fut enterrè en la maistresse Eglise de Noyon. Durant ce
regne,suruint de rechef grãd trouble,pour la veneratiõ des ymages:
qui furent abatues par le commandement de l'Empereur Leon: lequel les feit brusler publiquement:à quoy le Pape Gregoire second
resista: faisant deffence à tous sur peine d'excommuniment de n'o-
beir audit Empereur ne luy paier aucun tribut.

Enuiron ce temps le Roy de Bretaigne alla de vie à trespas,& lors
les princes de Bretaigne se diuiserét en sept partyes,& se nommerét
chascun Roy en sa portion . Et par ainsy demourerét estriuant en-
t'reux dont en fin ayãt plusieurs Batailles ciuilles,il s'exterminerent.
eux mesmes par les guerres qui continuerent par trente ans : & ce
iusque au regne de Charlemaigne, qui asuietit ledit pais de Bretaigne,â la couronne de France, & mesmement receu l'hommaige
de plusieurs Princes & Barons dudit lieu.

F 3

Charles Martel Gouuer-
neur des Francois.

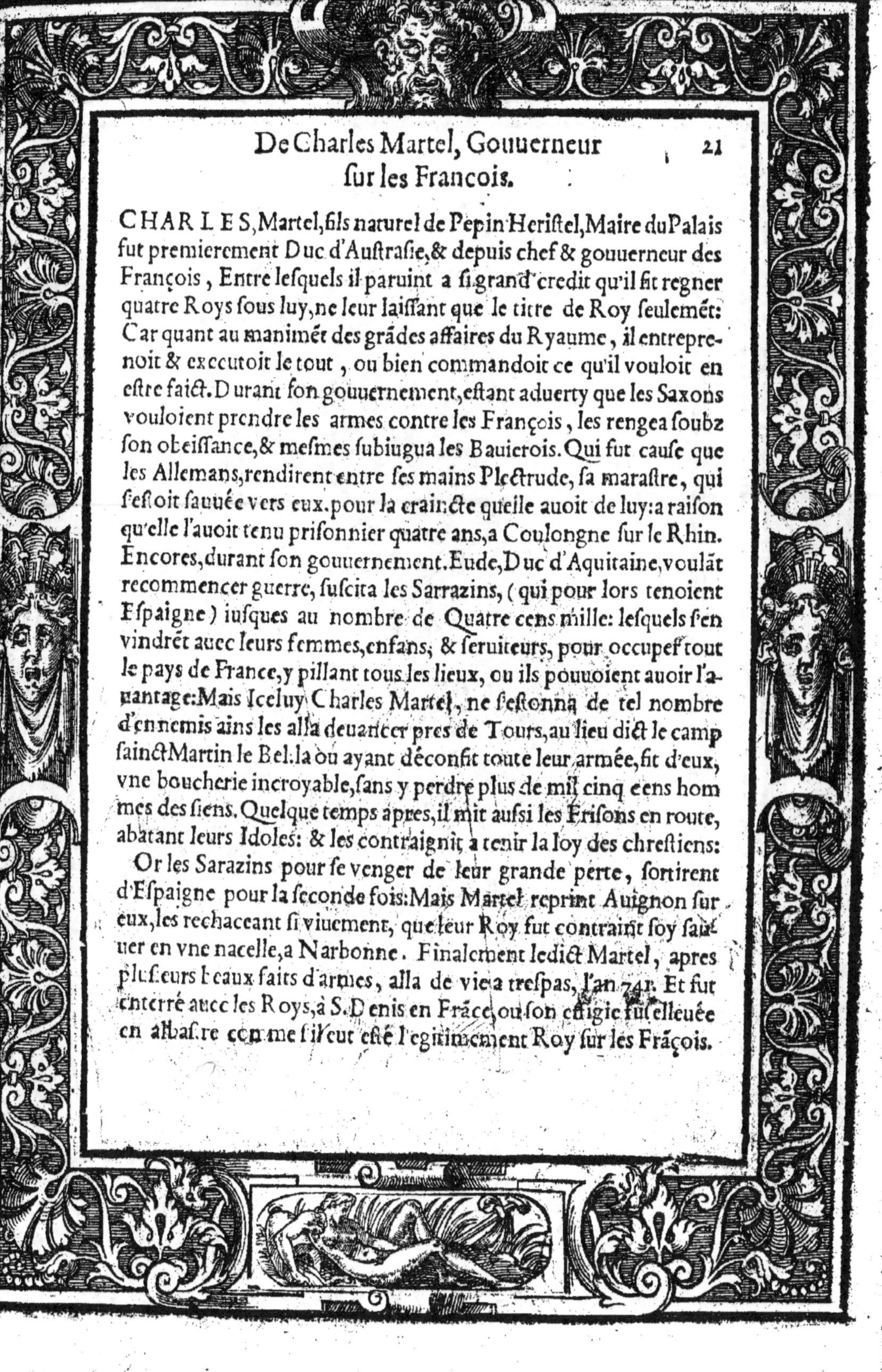

CHARLES, Martel, fils naturel de Pepin Heriftel, Maire duPalais
fut premierement Duc d'Auftrafie,& depuis chef & gouuerneur des
François, Entre lefquels il paruint a si grand credit qu'il fit regner
quatre Roys fous luy, ne leur laiffant que le titre de Roy feulemét:
Car quant au manimét des grádes affaires du Ryaume, il entrepre-
noit & executoit le tout, ou bien commandoit ce qu'il vouloit en
eftre faict. Durant fon gouuernement, eftant aduerty que les Saxons
vouloient prendre les armes contre les François, les rengea foubz
fon obeiffance,& mefmes fubiugua les Bauierois. Qui fut caufe que
les Allemans, rendirent entre fes mains Plectrude, fa maraftre, qui
feftoit fauuée vers eux. pour la crainte quelle auoit de luy: a raifon
qu'elle l'auoit tenu prifonnier quatre ans, a Coulongne fur le Rhin.
Encores, durant fon gouuernement. Eude, Duc d'Aquitaine, voulát
recommencer guerre, fufcita les Sarrazins, (qui pour lors tenoient
Efpaigne) iufques au nombre de Quatre cens mille: lefquels fen
vindrét auec leurs femmes, enfans, & feruiteurs, pour occuper tout
le pays de France, y pillant tous les lieux, ou ils pouuoient auoir l'a-
uantage: Mais Iceluy Charles Martel, ne feftonna de tel nombre
d'ennemis ains les alla deuancer pres de Tours, au lieu dict le camp
faict Martin le Bel. la ou ayant déconfit toute leur armée, fit d'eux,
vne boucherie incroyable, fans y perdre plus de mil cinq cens hom
mes des fiens. Quelque temps apres, il mit aufsi les Frifons en route,
abatant leurs Idoles: & les contraignit a tenir la loy des chreftiens:
    Or les Sarazins pour fe venger de leur grande perte, fortirent
d'Efpaigne pour la feconde fois: Mais Martel reprint Auignon fur
eux, les rechaceant fi viuement, que leur Roy fut contraint foy fauuer en vne nacelle, a Narbonne. Finalement ledict Martel, apres
plufieurs beaux faits d'armes, alla de vie a trefpas, l'an 741. Et fut
enterré auec les Roys, à S. Denis en Fráce, ou fon effigie fut elleuée
en albaftre cōme fi l'eut efté legitimement Roy fur les Fráçois.

Theodoric ii. de ce nõ,
xxi. Roy de France.

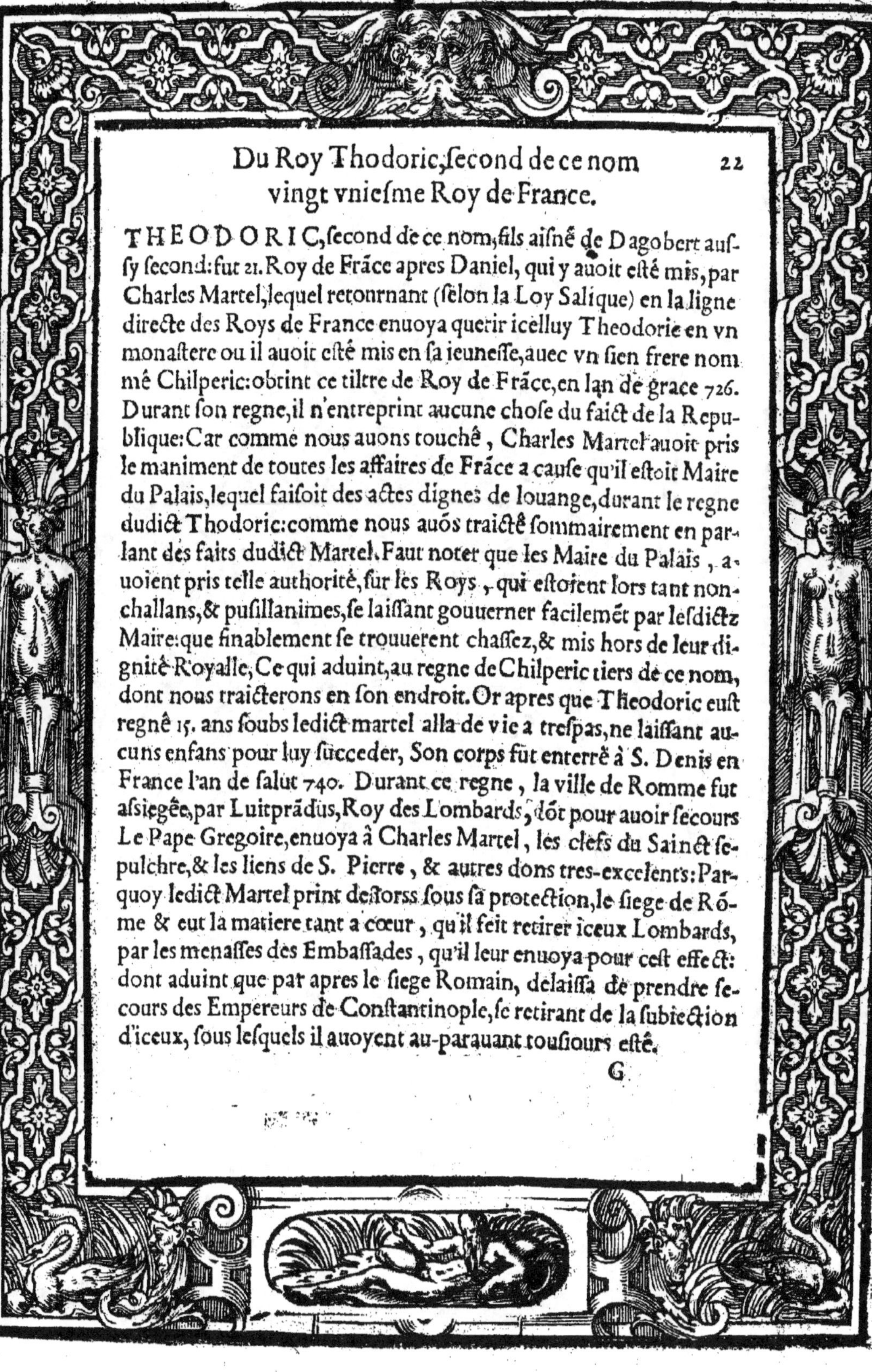

THEODORIC, second de ce nom, fils aisné de Dagobert auſſy second: fut 21. Roy de Fráce apres Daniel, qui y auoit eſté mis, par
Charles Martel, lequel retonrnant (ſelon la Loy Salique) en la ligne
directe des Roys de France enuoya querir icelluy Theodorie en vn
monaſtere ou il auoit eſté mis en ſa ieuneſſe, auec vn ſien frere nommé Chilperic: obtint ce tiltre de Roy de Fráce, en lan de grace 726.
Durant ſon regne, il n'entreprint aucune choſe du faict de la Repu-
blique: Car comme nous auons touché, Charles Martel auoit pris
le maniment de toutes les affaires de Fráce a cauſe qu'il eſtoit Maire
du Palais, lequel faiſoit des actes dignes de louange, durant le regne
dudict Thodoric: comme nous auós traicté ſommairement en parlant des faits dudict Martel. Faut noter que les Maire du Palais, a-
uoient pris telle authorité, ſur les Roys, qui eſtoient lors tant non-
challans, & puſillanimes, ſe laiſſant gouuerner facilemét par leſdictz
Maire: que finablement ſe trouuerent chaſſez, & mis hors de leur dignité Royalle, Ce qui aduint, au regne de Chilperic tiers de ce nom,
dont nous traicterons en ſon endroit. Or apres que Theodoric euſt
regnê 15. ans ſoubs ledict martel alla de vie a treſpas, ne laiſſant aucuns enfans pour luy ſucceder, Son corps fut enterré à S. Denis en
France l'an de ſalut 740. Durant ce regne, la ville de Romme fut
aſiegée, par Luitprádus, Roy des Lombards, dót pour auoir ſecours
Le Pape Gregoire, enuoya à Charles Martel, les clefs du Sainct ſepulchre, & les liens de S. Pierre, & autres dons tres-excelents: Parquoy ledict Martel print deſtorss ſous ſa protection, le ſiege de Ró-
me & eut la matiere tant a cœur, qu'il feit retirer iceux Lombards,
par les menaſſes des Embaſſades, qu'il leur enuoya pour ceſt effect:
dont aduint que par apres le ſiege Romain, delaiſſa de prendre ſecours des Empereurs de Conſtantinople, ſe retirant de la ſubiection
d'iceux, ſous leſquels il auoyent au-parauant touſiours eſté.

G.

Childeric deuxieme de ce
nom xxii. Roy de France

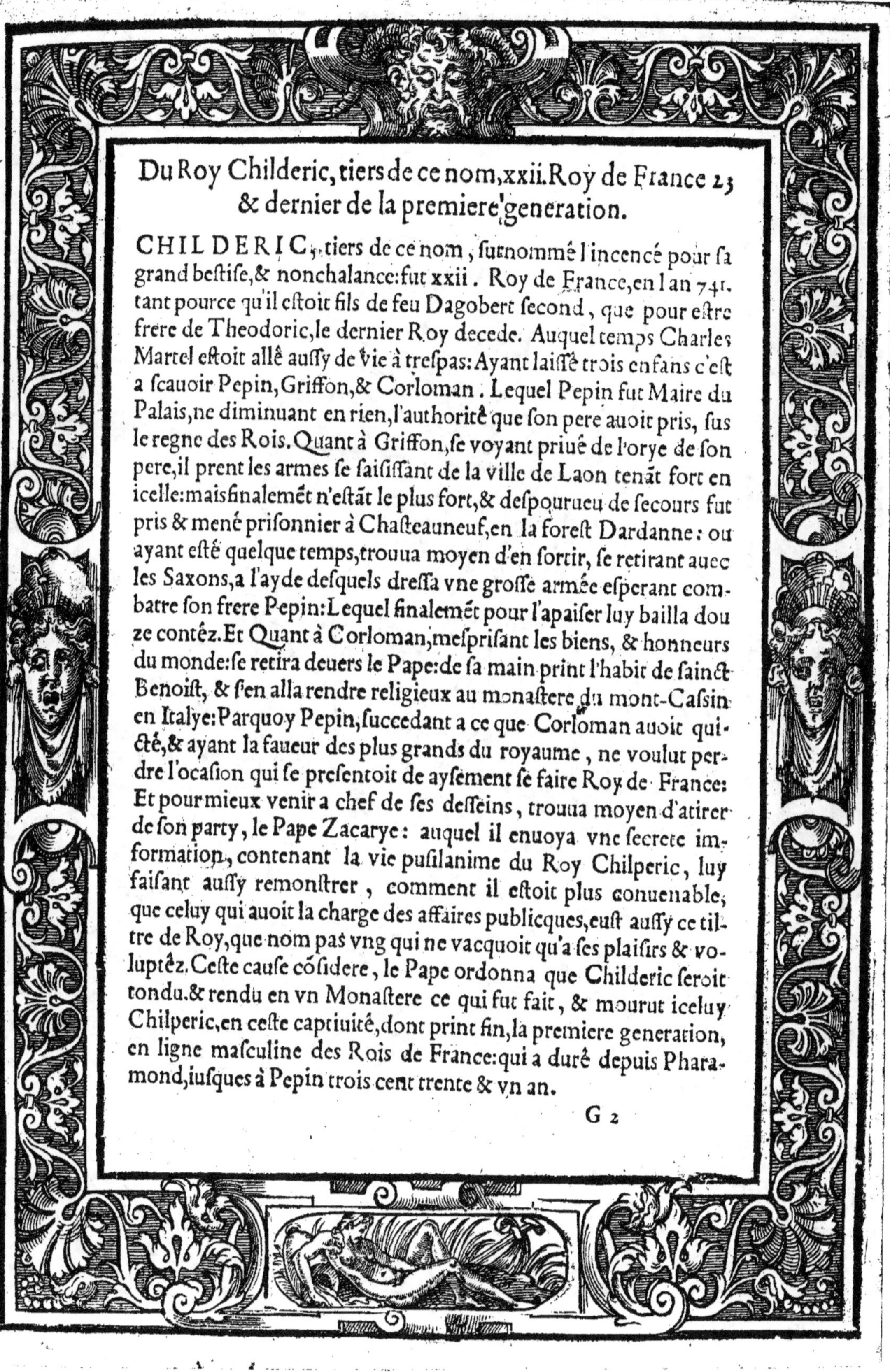

Du Roy Childeric, tiers de ce nom, xxii. Roy de France 23 & dernier de la premiere generation.

CHILDERIC, tiers de ce nom, surnommé l'incencé pour sa grand bestise, & nonchalance: fut xxii. Roy de France, en l an 741. tant pource qu'il estoit fils de feu Dagobert second, que pour estre frere de Theodoric, le dernier Roy decede. Auquel temps Charles Martel estoit allé aussy de vie à trespas: Ayant laissé trois enfans c'est a scauoir Pepin, Griffon, & Corloman. Lequel Pepin fut Maire du Palais, ne diminuant en rien, l'authorité que son pere auoit pris, sus le regne des Rois. Quant à Griffon, se voyant priué de l'orye de son pere, il prent les armes se saisissant de la ville de Laon tenāt fort en icelle: mais finalemét n'estāt le plus fort, & despourueu de secours fut pris & mené prisonnier à Chasteauneuf, en la forest Dardanne: ou ayant esté quelque temps, trouua moyen d'en sortir, se retirant auec les Saxons, a l'ayde desquels dressa vne grosse armée esperant combatre son frere Pepin: Lequel finalemét pour l'apaiser luy bailla dou ze contez. Et Quant à Corloman, mesprisant les biens, & honneurs du monde: se retira deuers le Pape: de sa main print l'habit de sainct Benoist, & s'en alla rendre religieux au monastere du mont-Cassin en Italye: Parquoy Pepin, succedant a ce que Corloman auoit quicté, & ayant la faueur des plus grands du royaume, ne voulut perdre l'ocasion qui se presentoit de aysément se faire Roy de France: Et pour mieux venir a chef de ses desseins, trouua moyen d'atirer de son party, le Pape Zacarye: auquel il enuoya vne secrete imformation, contenant la vie pusilanime du Roy Chilperic, luy faisant aussy remonstrer, comment il estoit plus conuenable, que celuy qui auoit la charge des affaires publicques, eust aussy ce tiltre de Roy, que nom pas vng qui ne vacquoit qu'a ses plaisirs & voluptéz. Ceste cause cósidere, le Pape ordonna que Childeric seroit tondu. & rendu en vn Monastere ce qui fut fait, & mourut iceluy Chilperic, en ceste captiuité, dont print fin, la premiere generation, en ligne masculine des Rois de France: qui a duré depuis Pharamond, iusques à Pepin trois cent trente & vn an.

G 2

Pepin le bref, xxiii.
Roy de France.

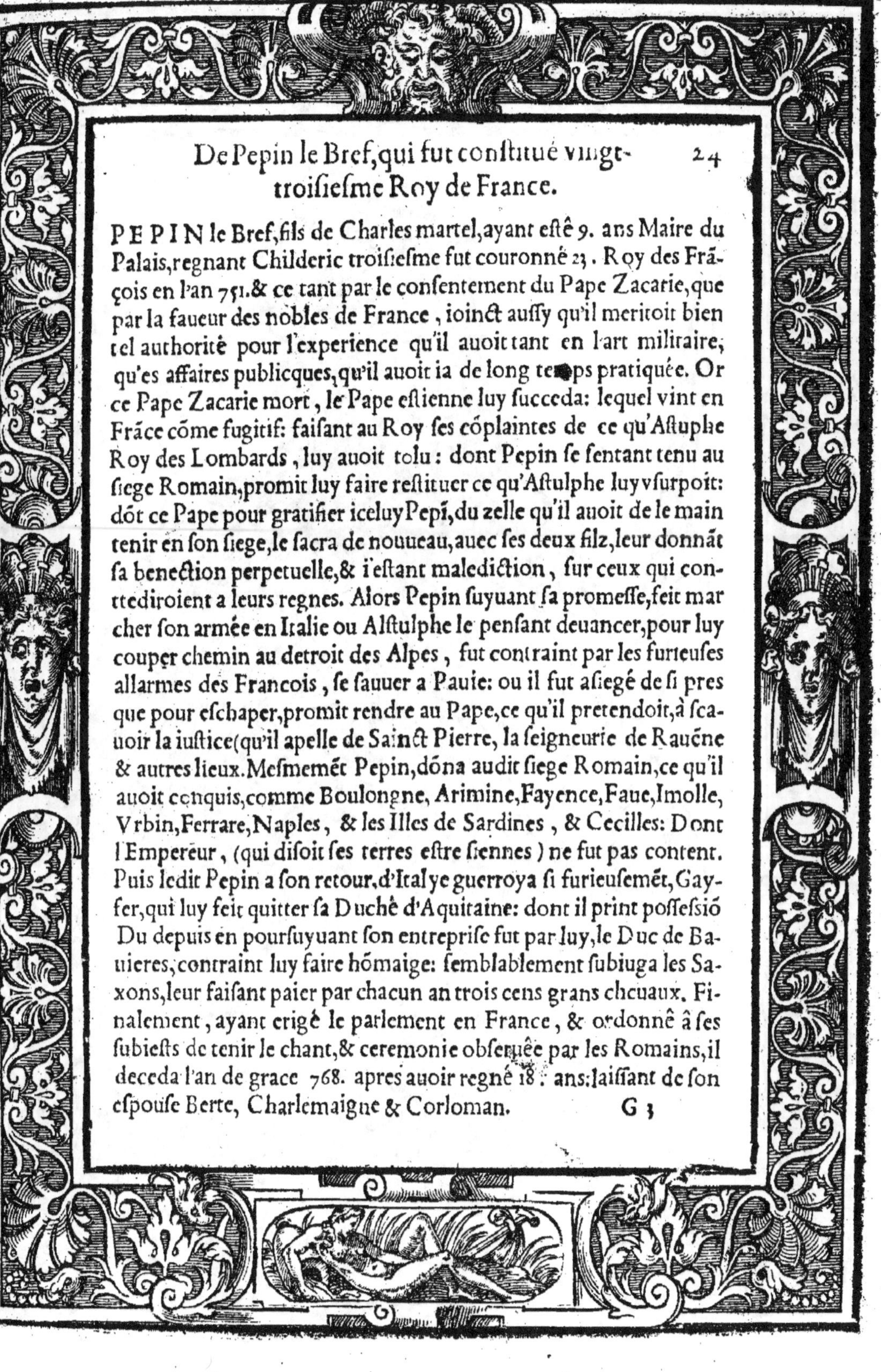

PEPIN le Bref, fils de Charles martel, ayant eſtê 9. ans Maire du Palais, regnant Childeric troiſieſme fut couronné 23. Roy des Frãçois en l'an 751. & ce tant par le conſentement du Pape Zacarie, que par la faueur des nobles de France, ioinct auſſy qu'il meritoit bien tel authorité pour l'experience qu'il auoit tant en l'art militaire, qu'es affaires publicques, qu'il auoit ia de long temps pratiquée. Or ce Pape Zacarie mort, le Pape eſtienne luy ſucceda: lequel vint en Frãce cóme fugitif: faiſant au Roy ſes cóplaintes de ce qu'Aſtuphe Roy des Lombards, luy auoit tolu: dont Pepin ſe ſentant tenu au ſiege Romain, promit luy faire reſtituer ce qu'Aſtulphe luy vſurpoit: dót ce Pape pour gratifier iceluy Pepí, du zelle qu'il auoit de le main tenir en ſon ſiege, le ſacra de noueau, auec ſes deux filz, leur donnát ſa benection perpetuelle, & i'eſtant malediction, ſur ceux qui contediroient a leurs regnes. Alors Pepin ſuyuant ſa promeſſe, feit marcher ſon armée en Italie ou Alſtulphe le penſant deuancer, pour luy couper chemin au detroit des Alpes, fut contraint par les furieuſes allarmes des Francois, ſe ſauuer a Pauie: ou il fut aſiegé de ſi pres que pour eſchaper, promit rendre au Pape, ce qu'il pretendoit, à ſcauoir la iuſtice (qu'il apelle de Sainct Pierre, la ſeigneurie de Rauéne & autres lieux. Meſmemét Pepin, dóna audit ſiege Romain, ce qu'il auoit conquis, comme Boulongne, Arimine, Fayence, Faue, Imolle, Vrbin, Ferrare, Naples, & les Illes de Sardines, & Cecilles: Dont l'Empereur, (qui diſoit ſes terres eſtre ſiennes) ne fut pas content. Puis ledit Pepin a ſon retour, d'Italye guerroya ſi furieuſemét, Gayfer, qui luy feit quitter ſa Duchê d'Aquitaine: dont il print poſſeſsió Du depuis en pourſuyuant ſon entrepriſe fut par luy, le Duc de Bauieres, contraint luy faire hómaige: ſemblablement ſubiuga les Saxons, leur faiſant paier par chacun an trois cens grans cheuaux. Finalement, ayant erigé le parlement en France, & ordonné â ſes ſubieſts de tenir le chant, & ceremonie obſeruée par les Romains, il deceda l'an de grace 768. apres auoir regné 18. ans: laiſſant de ſon eſpouſe Berte, Charlemaigne & Corloman.   G 3

Charlemaigne xxiiij.
Roy de France

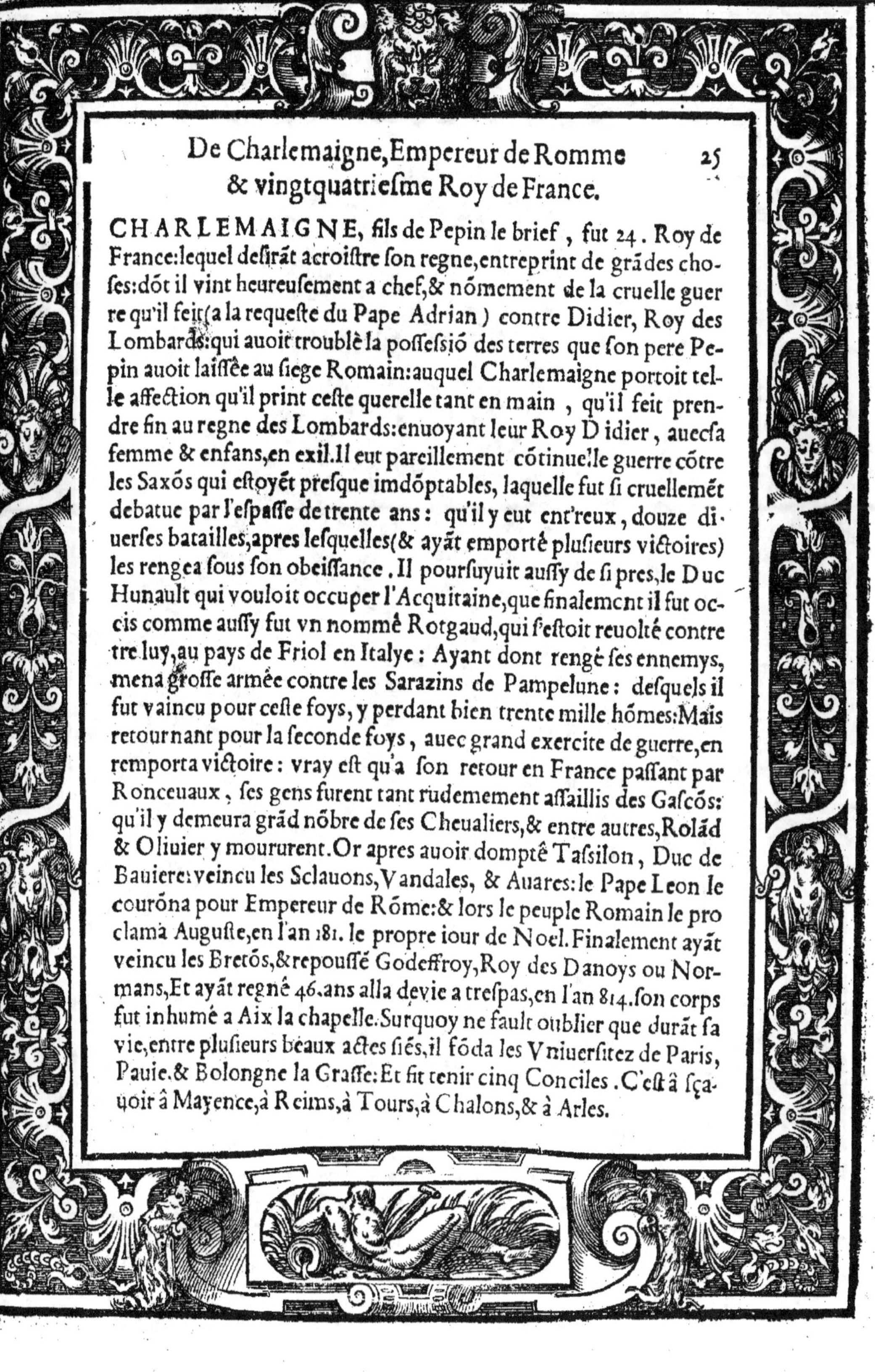

CHARLEMAIGNE, fils de Pepin le brief , fut 24. Roy de
France:lequel desirât acroistre son regne,entreprint de grãdes cho-
ses:dõt il vint heureusement a chef,& nõmement de la cruelle guer
re qu'il feit(a la requeste du Pape Adrian) contre Didier, Roy des
Lombards:qui auoit troublè la possessiõ des terres que son pere Pepin auoit laissêe au siege Romain:auquel Charlemaigne portoit telle affection qu'il print ceste querelle tant en main , qu'il feit prendre fin au regne des Lombards:enuoyant leur Roy Didier , auecsa
femme & enfans,en exil.Il eut pareillement cõtinuelle guerre cõtre
les Saxõs qui estoyét presque imdõptables, laquelle fut si cruellemét
debatue par l'espasse de trente ans : qu'il y eut entr'eux, douze di-
uerses batailles,apres lesquelles(& ayãt emportê plusieurs victoires)
les rengea sous son obeissance . Il poursuyuit aussy de si pres,le Duc
Hunault qui vouloit occuper l'Acquitaine,que finalement il fut occis comme aussy fut vn nommê Rotgaud,qui s'estoit reuoltê contre
tre luy,au pays de Friol en Italye : Ayant dont rengé ses ennemys,
mena grosse armée contre les Sarazins de Pampelune : desquels il
fut vaincu pour ceste foys, y perdant bien trente mille hõmes:Mais
retournant pour la seconde foys , auec grand exercite de guerre,en
remporta victoire : vray est qu'a son retour en France passant par
Ronceuaux , ses gens furent tant rudemement assaillis des Gascõs:
qu'il y demeura grãd nõbre de ses Cheualiers,& entre autres,Rolãd
& Oliuier y moururent.Or apres auoir domptê Tassilon, Duc de
Bauiere:veincu les Sclauons,Vandales, & Auares:le Pape Leon le
courõna pour Empereur de Rõme:& lors le peuple Romain le pro
clama Auguste,en l'an 181. le propre iour de Noel. Finalement ayãt
veincu les Bretõs,& repoussê Godeffroy,Roy des Danoys ou Normans,Et ayãt regné 46.ans alla devie a trespas,en l'an 814.son corps
fut inhumé a Aix la chapelle.Surquoy ne fault oublier que durãt sa
vie,entre plusieurs beaux actes siés,il fõda les Vniuersitez de Paris,
Pauie.& Bolongne la Grasse:Et fit tenir cinq Conciles .C'est à sça-
uoir à Mayence,à Reims,à Tours,à Chalons,& à Arles.

Louis debōnaire, Empereur
& xxv. Roy de France.

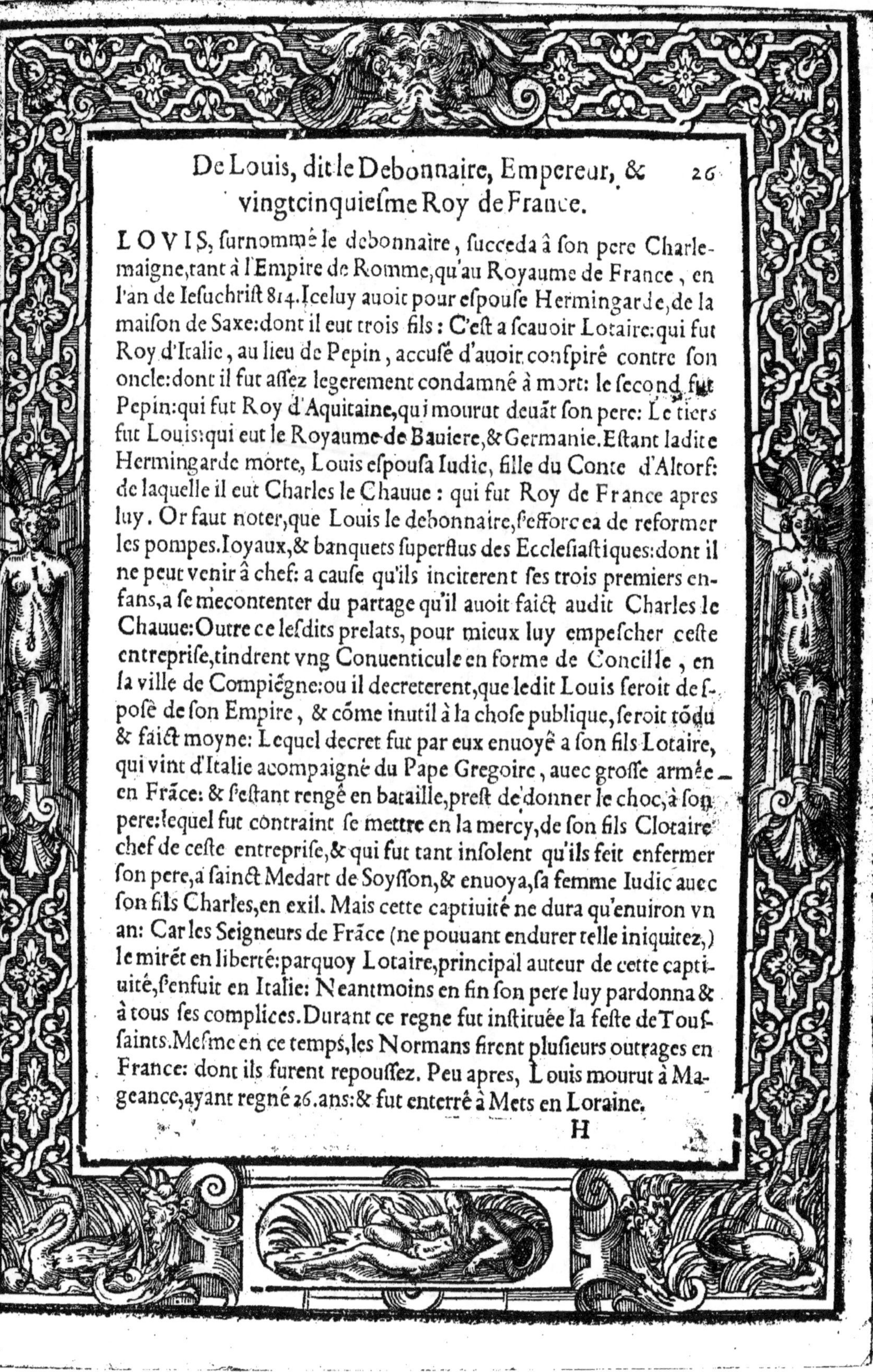

L O V I S, furnommé le debonnaire, fucceda à fon pere Charlemaigne, tant à l'Empire de Romme, qu'au Royaume de France, en
l'an de Iefuchrift 814. Iceluy auoit pour efpoufe Hermingarde, de la
maifon de Saxe: dont il eut trois fils : C'eft a fcauoir Lotaire: qui fut
Roy d'Italie, au lieu de Pepin, accufé d'auoir confpiré contre fon
oncle: dont il fut affez legerement condamné à mort: le fecond fut
Pepin: qui fut Roy d'Aquitaine, qui mourut deuāt fon pere: Le tiers
fut Louis: qui eut le Royaume de Bauiere, & Germanie. Eftant ladite
Hermingarde morte, Louis efpoufa Iudic, fille du Conte d'Altorf:
de laquelle il eut Charles le Chauue : qui fut Roy de France apres
luy. Or faut noter, que Louis le debonnaire, f'efforcea de reformer
les pompes. Ioyaux, & banquets fuperflus des Ecclefiaftiques: dont il
ne peut venir â chef: a caufe qu'ils inciterent fes trois premiers enfans, a fe mecontenter du partage qu'il auoit faict audit Charles le
Chauue: Outre ce lefdits prelats, pour mieux luy empefcher cefte
entreprife, tindrent vng Conuenticule en forme de Concille, en
la ville de Compiégne: ou il decreterent, que ledit Louis feroit def-
pofé de fon Empire, & cóme inutil à la chofe publique, feroit tódu
& faict moyne: Lequel decret fut par eux enuoyé a fon fils Lotaire,
qui vint d'Italie acompaigné du Pape Gregoire, auec groffe armée
en Fráce: & f'eftant rengé en bataille, preft de donner le choc, à fon
pere: lequel fut contraint fe mettre en la mercy, de fon fils Clotaire
chef de cefte entreprife, & qui fut tant infolent qu'ils feit enfermer
fon pere, a fainct Medart de Soyffon, & enuoya, fa femme Iudic auec
fon fils Charles, en exil. Mais cette captiuité ne dura qu'enuiron vn
an: Car les Seigneurs de Fráce (ne pouuant endurer telle iniquitez,)
le mirét en liberté: parquoy Lotaire, principal auteur de cette captiuité, f'enfuit en Italie: Neantmoins en fin fon pere luy pardonna &
à tous fes complices. Durant ce regne fut inftituée la fefte de Touf-
faints. Mefme en ce temps, les Normans firent plufieurs outrages en
France: dont ils furent repouffez. Peu apres, Louis mourut à Ma-
geance, ayant regné 26. ans: & fut enterré à Mets en Loraine.

H

Charles le Chauue, xxvi.
Roy de France.

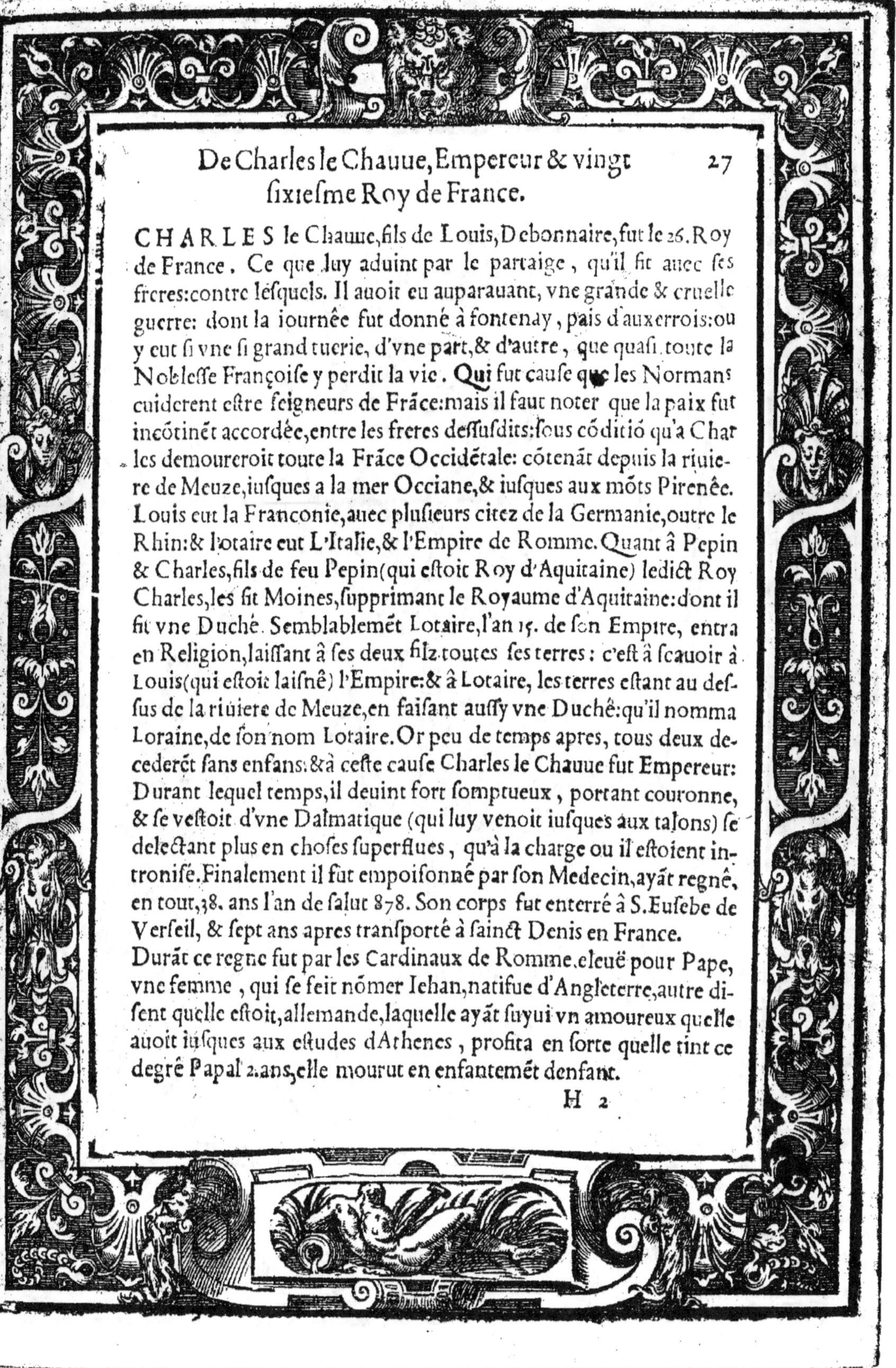

CHARLES le Chauue, fils de Louis, Debonnaire, fut le 26. Roy
de France. Ce que luy aduint par le partaige, qu'il fit auec ses
freres: contre lesquels. Il auoit eu auparauant, vne grande & cruelle
guerre: dont la iournée fut donné à fontenay, pais d'auxerrois: ou
y eut si vne si grand tuerie, d'vne part, & d'autre, que quasi toute la
Noblesse Françoise y perdit la vie. Qui fut cause que les Normans
cuiderent estre seigneurs de Fráce: mais il faut noter que la paix fut
incótinét accordée, entre les freres dessusdits: sous códitió qu'a Char
les demourcroit toute la Fráce Occidétale: cótenát depuis la riuiere de Meuze, iusques a la mer Occiane, & iusques aux móts Pirenêe.
Louis eut la Franconie, auec plusieurs citez de la Germanie, outre le
Rhin: & lotaire eut L'Italie, & l'Empire de Romme. Quant â Pepin
& Charles, fils de feu Pepin (qui estoit Roy d'Aquitaine) ledict Roy
Charles, les fit Moines, supprimant le Royaume d'Aquitaine: dont il
fit vne Duché. Semblablemét Lotaire, l'an 15. de son Empire, entra
en Religion, laissant â ses deux filz toutes ses terres: c'est à scauoir à
Louis (qui estoit laisnê) l'Empire: & â Lotaire, les terres estant au dessus de la riuiere de Meuze, en faisant aussy vne Duché: qu'il nomma
Loraine, de son nom Lotaire. Or peu de temps apres, tous deux de-
cederét sans enfans: & à ceste cause Charles le Chauue fut Empereur:
Durant lequel temps, il deuint fort somptueux, portant couronne,
& se vestoit d'vne Dalmatique (qui luy venoit iusques aux talons) se
delectant plus en choses superflues, qu'à la charge ou il estoient in-
tronisé. Finalement il fut empoisonné par son Medecin, ayát regnê,
en tout, 38. ans l'an de salut 878. Son corps fut enterré à S. Eusebe de
Verseil, & sept ans apres transporté à sainct Denis en France.
Durát ce regne fut par les Cardinaux de Romme, eleuë pour Pape,
vne femme, qui se feit nómer Iehan, natifue d'Angleterre, autre disent quelle estoit, allemande, laquelle ayát suyui vn amoureux quelle
auoit iusques aux estudes dAthenes, profita en sorte quelle tint ce
degrê Papal 2. ans, elle mourut en enfantemét denfant.

H 2

Louys le Begue xxvii.
Roy de France

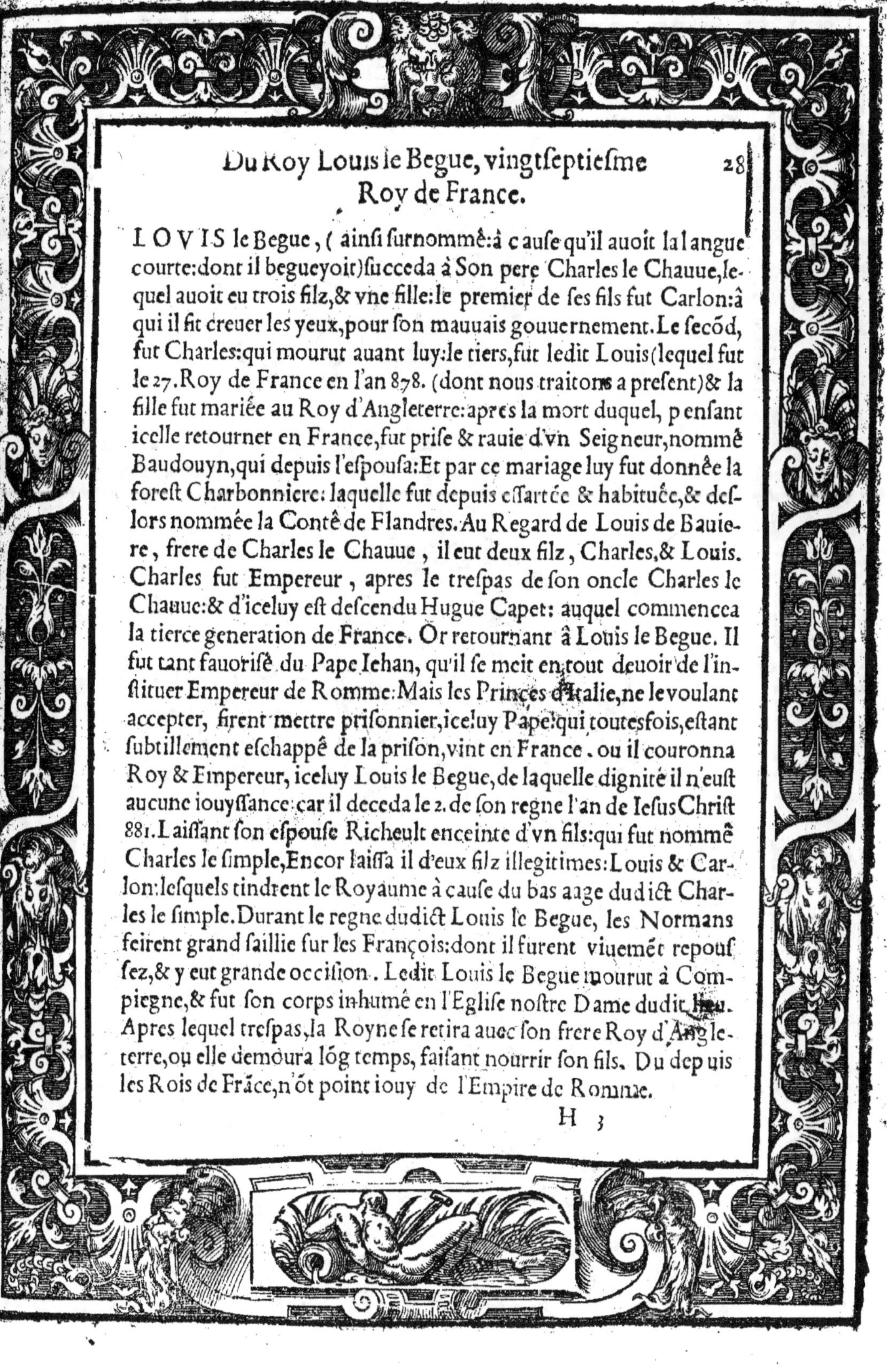

Roy de France.

LOVIS le Begue, (ainsi surnommê:à cause qu'il auoit la langue
courte:dont il begueyoit)succeda à Son pere Charles le Chauue,le-
quel auoit eu trois filz,& vne fille:le premier de ses fils fut Carlon:à
qui il fit creuer les yeux,pour son mauuais gouuernement.Le secód,
fut Charles:qui mourut auant luy:le tiers,fut ledit Louis(lequel fut
le 27.Roy de France en l'an 878. (dont nous traitons a present)& la
fille fut mariée au Roy d'Angleterre:apres la mort duquel, pensant
icelle retourner en France,fut prise & rauie d'vn Seigneur,nommê
Baudouyn,qui depuis l'espousa:Et par ce mariage luy fut donnêe la
forest Charbonniere: laquelle fut depuis essartée & habituée,& des-
lors nommée la Contê de Flandres.Au Regard de Louis de Bauiere, frere de Charles le Chauue, il eut deux filz, Charles,& Louis.
Charles fut Empereur, apres le trespas de son oncle Charles le
Chauue:& d'iceluy est descendu Hugue Capet: auquel commencea
la tierce generation de France. Or retournant â Louis le Begue. Il
fut tant fauorisê du Pape Iehan, qu'il se meit en tout deuoir de l'in-
stituer Empereur de Romme:Mais les Princes d'Italie,ne le voulant
accepter, firent mettre prisonnier,iceluy Pape:qui toutesfois,estant
subtillement eschappê de la prison,vint en France . ou il couronna
Roy & Empereur, iceluy Louis le Begue,de laquelle dignité il n'eust
aucune iouyssance:car il deceda le 2. de son regne l'an de Iesus Christ
881.Laissant son espouse Richeult enceinte d'vn fils:qui fut nommê
Charles le simple,Encor laissa il d'eux filz illegitimes:Louis & Car-
lon:lesquels tindrent le Royaume à cause du bas aage dudict Charles le simple.Durant le regne dudict Louis le Begue, les Normans
feirent grand saillie sur les François:dont il furent viuemét repous-
sez,& y eut grande occision . Ledit Louis le Begue mourut à Compiegne,& fut son corps inhumé en l'Eglise nostre Dame dudit lieu.
Apres lequel trespas,la Royne se retira auec son frere Roy d'Angleterre,ou elle demoura lóg temps, faisant nourrir son fils. Du depuis
les Rois de Fráce,n'ót point iouy de l'Empire de Romme.

H 3

Carlon Baſtard xxviii.
Roy de France.

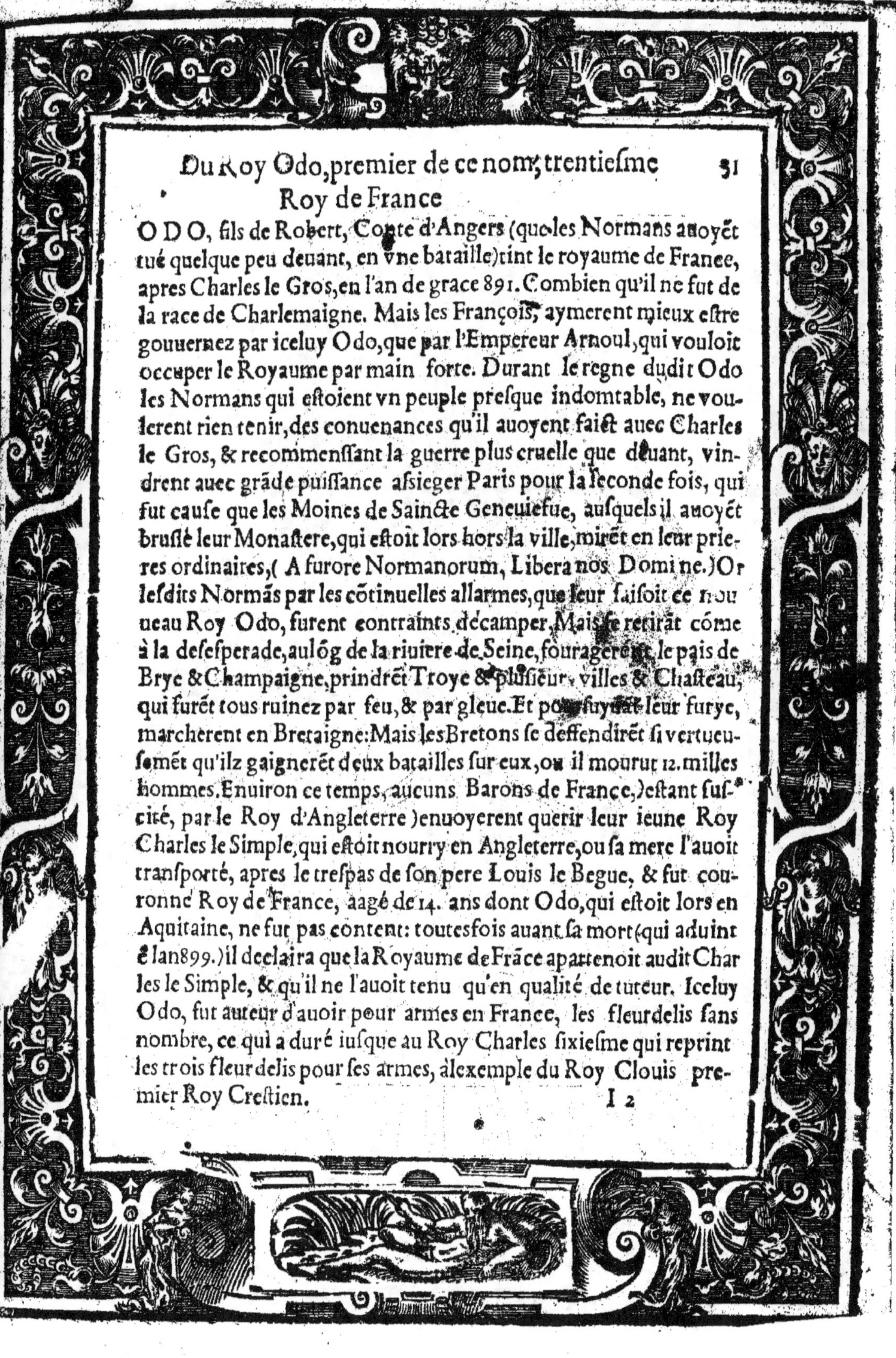

ODO, fils de Robert, Comte d'Angers (que les Normans auoyét
tué quelque peu deuant, en vne bataille) tint le royaume de France,
apres Charles le Gros, en l'an de grace 891. Combien qu'il ne fut de
la race de Charlemaigne. Mais les François, aymerent mieux eftre
gouuernez par iceluy Odo, que par l'Empereur Arnoul, qui vouloit
occuper le Royaume par main forte. Durant le regne dudit Odo
les Normans qui eftoient vn peuple prefque indomtable, ne vou-
lerent rien tenir, des conuenances qu'il auoyent faiɛt auec Charles
le Gros, & recommenffant la guerre plus cruelle que deuant, vin-
drent auec grãde puiffance afsieger Paris pour la feconde fois, qui
fut caufe que les Moines de Sainɛe Geneuiefue, aufquels il auoyét
bruflé leur Monaftere, qui eftoit lors hors la ville, mirét en leur prieres ordinaires, (A furore Normanorum, Libera nos Domine.) Or
lefdits Normãs par les côtinuelles allarmes, que leur faifoit ce nou
ueau Roy Odo, furent contraints décamper. Mais fe retirãt côme
à la defefperade, au lõg de la riuiere de Seine, fourageréɛt le pais de
Brye & Champaigne, prindréɛt Troye & plufieur villes & Chafteau,
qui furét tous ruinez par feu, & par gleue. Et pour fuyuãt leur furye,
marcherent en Bretaigne: Mais les Bretons fe deffendiréɛt fi vertueu-
femét qu'ilz gaigneréɛt deux batailles fur eux, ou il mourut 12. milles
hommes. Enuiron ce temps, aucuns Barons de France,) eftant fuf-
cité, par le Roy d'Angleterre) enuoyerent querir leur ieune Roy
Charles le Simple, qui eftóit nourry en Angleterre, ou fa mere l'auoit
tranfporté, apres le trefpas de fon pere Louis le Begue, & fut couronné Roy de France, aagé de 14. ans dont Odo, qui eftoit lors en
Aquitaine, ne fut pas content: toutesfois auant fa mort (qui aduint
ẽ lan 899.) il declaira que la Royaume de Frãce apartenoit audit Char
les le Simple, & qu'il ne l'auoit tenu qu'en qualité de tuteur. Iceluy
Odo, fut auteur d'auoir pour armes en France, les fleurdelis fans
nombre, ce qui a duré iufque au Roy Charles fixiefme qui reprint
les trois fleur delis pour fes armes, àlexemple du Roy Clouis premier Roy Creftien.   I 2

Charles le simple, xxvj.
Roy de France.

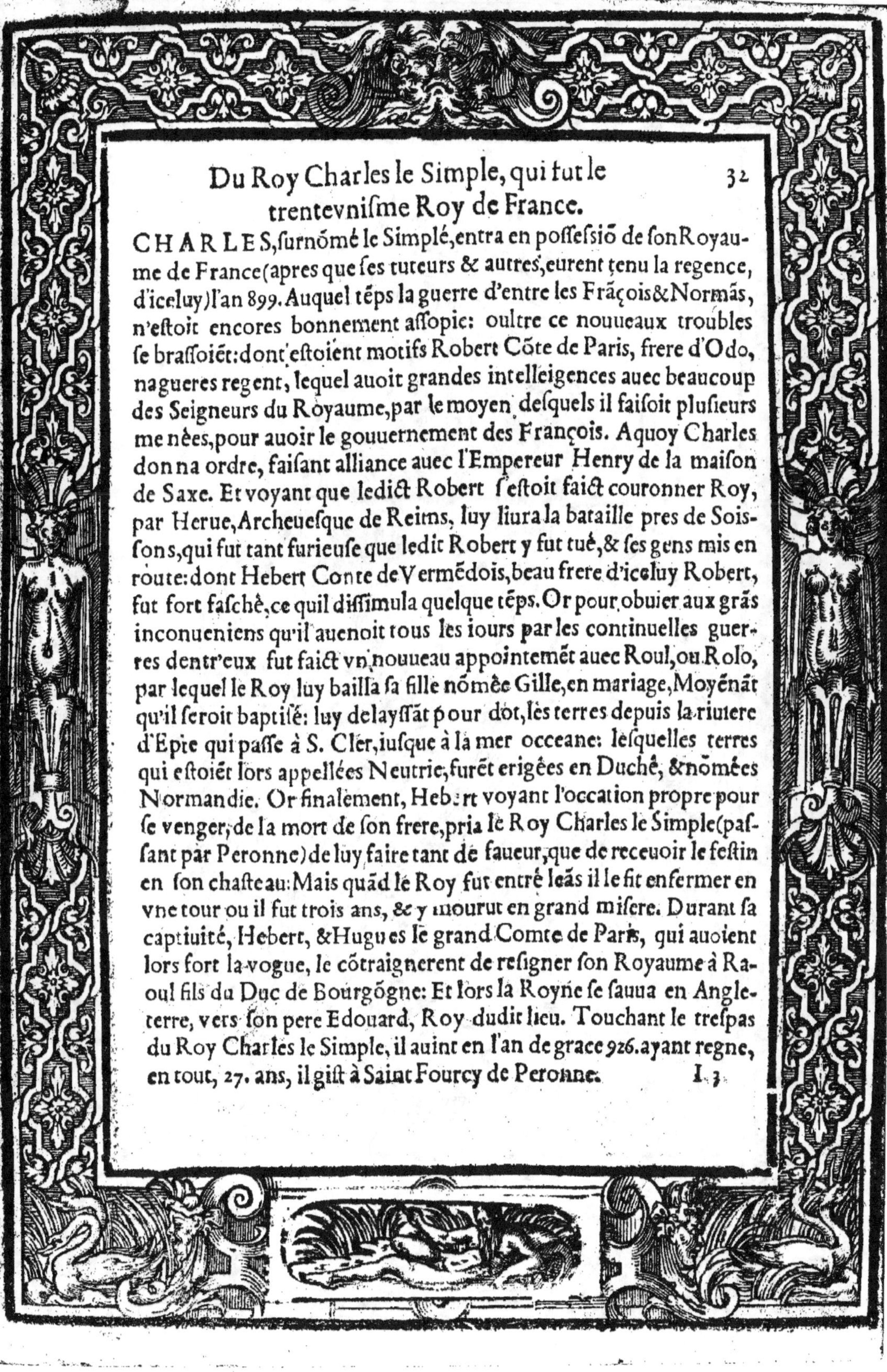

CHARLES, furnómé le Simplé, entra en poffeffió de fon Royaume de France (apres que fes tuteurs & autres, eurent tenu la regence,
d'iceluy) l'an 899. Auquel téps la guerre d'entre les Fráçois & Normás,
n'eftoit encores bonnement affopie: oultre ce nouueaux troubles
fe braffoiét: dont eftoient motifs Robert Cóte de Paris, frere d'Odo,
nagueres regent, lequel auoit grandes intelleigences auec beaucoup
des Seigneurs du Royaume, par le moyen defquels il faifoit plufieurs
me nées, pour auoir le gouuernement des François. A quoy Charles
donna ordre, faifant alliance auec l'Empereur Henry de la maifon
de Saxe. Et voyant que ledict Robert f'eftoit faict couronner Roy,
par Herue, Archeuefque de Reims, luy liura la bataille pres de Soiffons, qui fut tant furieufe que ledit Robert y fut tué, & fes gens mis en
route: dont Hebert Conte de Vermédois, beau frere d'iceluy Robert,
fut fort fafchè, ce quil diffimula quelque téps. Or pour obuier aux grás
inconueniens qu'il auenoit tous les iours par les continuelles guerres dentr'eux fut faict vn nouueau appointemét auec Roul, ou Rolo,
par lequel le Roy luy bailla fa fille nómée Gille, en mariage, Moyénát
qu'il feroit baptifé: luy delayffát pour dót, les terres depuis la riuiere
d'Epte qui paffe à S. Cler, iufque à la mer occeane: lefquelles terres
qui eftoiét lors appellées Neutrie, furét erigées en Duchê, & nómées
Normandie. Or finalement, Hebert voyant l'occation propre pour
fe venger, de la mort de fon frere, pria le Roy Charles le Simple (paffant par Peronne) de luy faire tant de faueur, que de receuoir le feftin
en fon chafteau: Mais quád le Roy fut entré leás il le fit enfermer en
vne tour ou il fut trois ans, & y mourut en grand mifere. Durant fa
captiuité, Hebert, & Hugues le grand Comte de Paris, qui auoient
lors fort la vogue, le cótraignerent de refigner fon Royaume à Raoul fils du Duc de Bourgógne: Et lors la Royne fe fauua en Angleterre, vers fon pere Edouard, Roy dudit lieu. Touchant le trefpas
du Roy Charles le Simple, il auint en l'an de grace 926. ayant regne,
en tout, 27. ans, il gift à Saint Fourcy de Peronne.   I.3

Raoul de Bourgongne,
xxxii. Roy de France.

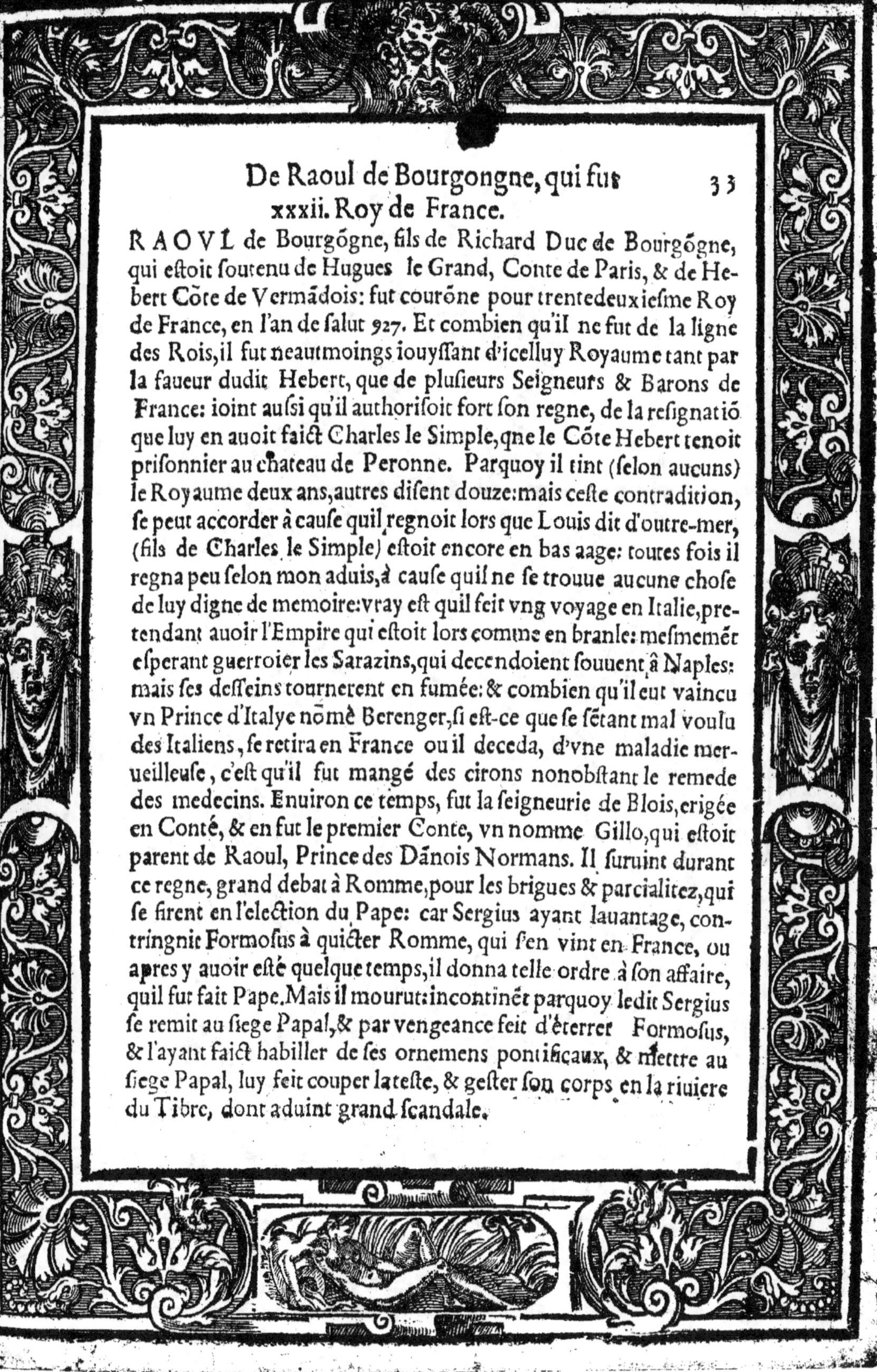

RAOVL de Bourgógne, fils de Richard Duc de Bourgógne,
qui eſtoit ſoutenu de Hugues le Grand, Conte de Paris, & de Hebert Côte de Vermádois: fut courône pour trentedeuxieſme Roy
de France, en l'an de ſalut 927. Et combien qu'il ne fut de la ligne
des Rois, il fut neautmoings iouyſſant d'icelluy Royaume tant par
la faueur dudit Hebert, que de pluſieurs Seigneurs & Barons de
France: ioint auſsi qu'il authoriſoit fort ſon regne, de la reſignatió
que luy en auoit faiĉt Charles le Simple, qne le Côte Hebert tenoit
priſonnier au chateau de Peronne. Parquoy il tint (ſelon aucuns)
le Royaume deux ans, autres diſent douze: mais ceſte contradition,
ſe peut accorder à cauſe quil regnoit lors que Louis dit d'outre-mer,
(fils de Charles le Simple) eſtoit encore en bas aage: toutes fois il
regna peu ſelon mon aduis, à cauſe quil ne ſe trouue aucune choſe
de luy digne de memoire: vray eſt quil feit vng voyage en Italie, pre-
tendant auoir l'Empire qui eſtoit lors comme en branle: meſmemét
eſperant guerroier les Sarazins, qui decendoient ſouuent â Naples:
mais ſes deſſeins tournerent en fumée: & combien qu'il eut vaincu
vn Prince d'Italye nómè Berenger, ſi eſt-ce que ſe ſétant mal voulu
des Italiens, ſe retira en France ou il deceda, d'vne maladie mer-
ueilleuſe, c'eſt qu'il fut mangé des cirons nonobſtant le remede
des medecins. Enuiron ce temps, fut la ſeigneurie de Blois, erigée
en Conté, & en fut le premier Conte, vn nomme Gillo, qui eſtoit
parent de Raoul, Prince des Dánois Normans. Il ſuruint durant
ce regne, grand debat à Romme, pour les brigues & parcialitez, qui
ſe firent en l'election du Pape: car Sergius ayant lauantage, con-
tringnit Formoſus à quiĉter Romme, qui ſen vint en France, ou
apres y auoir eſté quelque temps, il donna telle ordre à ſon affaire,
quil fut fait Pape. Mais il mourut: incontïnét parquoy ledit Sergius
ſe remit au ſiege Papal, & par vengeance feit d'éterret Formoſus,
& l'ayant faiĉt habiller de ſes ornemens pontificaux, & mettre au
ſiege Papal, luy feit couper la teſte, & geſter ſon corps en la riuiere
du Tibre, dont aduint grand ſcandale.

Louis doutre-mer
xxxiiie. Roy de Fräce.

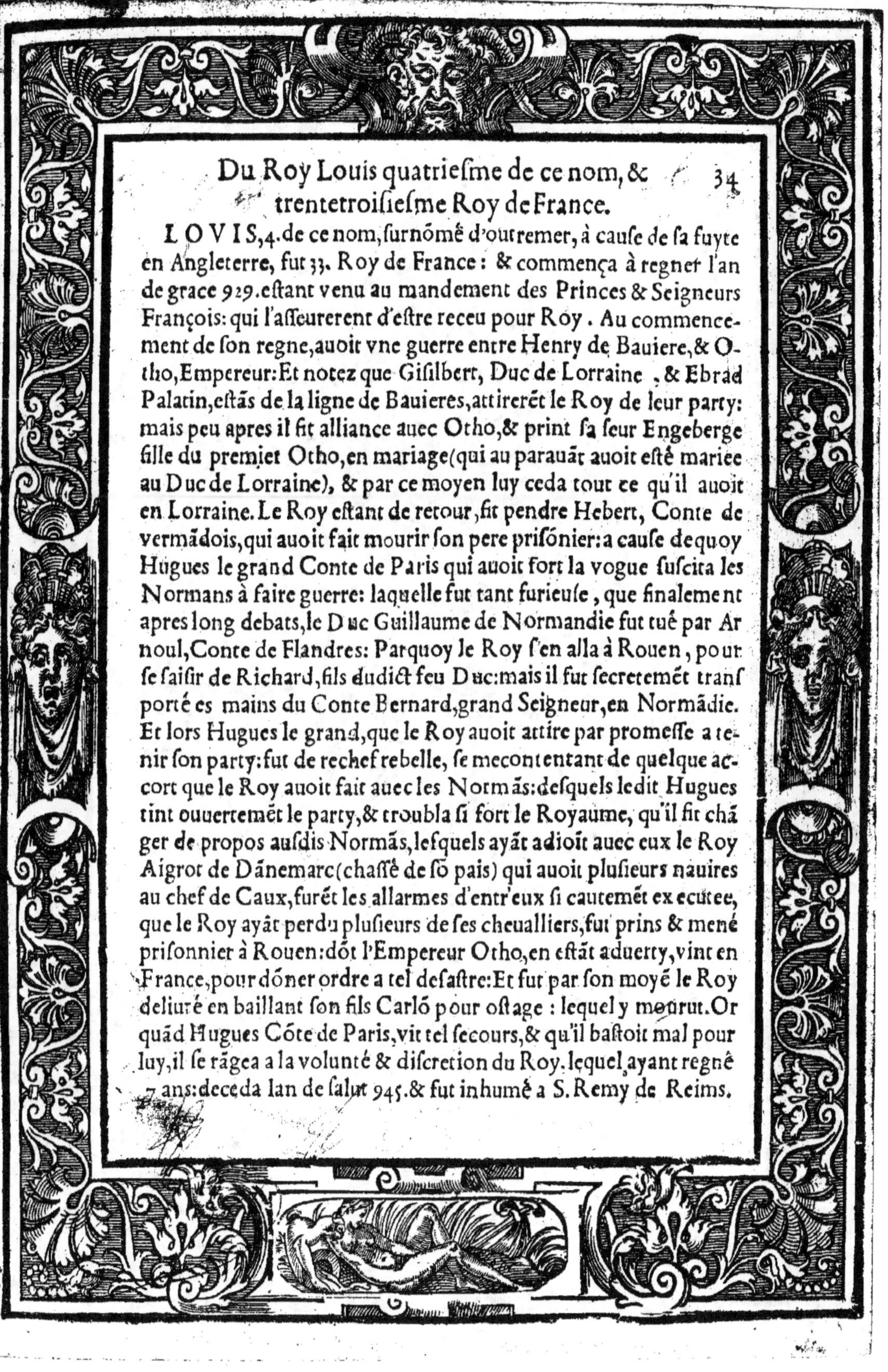

LOVIS, 4. de ce nom, surnómé d'outremer, à cause de sa fuyte en Angleterre, fut 33. Roy de France : & commença à regner l'an de grace 929. estant venu au mandement des Princes & Seigneurs François: qui l'asseurerent d'estre receu pour Roy . Au commencement de son regne, auoit vne guerre entre Henry de Bauiere, & Otho, Empereur: Et notez que Gisilbert, Duc de Lorraine , & Ebrad Palatin, estás de la ligne de Bauieres, attireret le Roy de leur party: mais peu apres il fit alliance auec Otho, & print sa seur Engeberge fille du premier Otho, en mariage (qui au parauár auoit esté mariee au Duc de Lorraine), & par ce moyen luy ceda tout ce qu'il auoit en Lorraine. Le Roy estant de retour, fit pendre Hebert, Conte de vermádois, qui auoit fait mourir son pere prisónier: a cause dequoy Hugues le grand Conte de Paris qui auoit fort la vogue suscita les Normans à faire guerre: laquelle fut tant furieuse , que finalement apres long debats, le Duc Guillaume de Normandie fut tué par Arnoul, Conte de Flandres: Parquoy le Roy s'en alla à Rouen, pour se saisir de Richard, fils dudict feu Duc: mais il fut secretemét transporté es mains du Conte Bernard, grand Seigneur, en Normádie. Et lors Hugues le grand, que le Roy auoit attire par promesse a tenir son party: fut de rechef rebelle, se mecontentant de quelque accort que le Roy auoit fait auec les Normás: desquels ledit Hugues tint ouuertemét le party, & troubla si fort le Royaume, qu'il fit chánger de propos ausdis Normás, lesquels ayát adioit auec eux le Roy Aigrot de Dánemarc (chassé de só pais) qui auoit plusieurs nauires au chef de Caux, furét les allarmes d'entr'eux si cautemét ex ecutee, que le Roy ayât perdu plusieurs de ses cheualliers, fut prins & mené prisonnier à Rouen: dót l'Empereur Otho, en estát aduerty, vint en France, pour dóner ordre a tel desastre: Et fut par son moyé le Roy deliuré en baillant son fils Carló pour ostage : lequel y mourut. Or quád Hugues Cóte de Paris, vit tel secours, & qu'il bastoit mal pour luy, il se rágea a la volunté & discretion du Roy. lequel ayant regné 7 ans: deceda lan de salut 945. & fut inhumé a S. Remy de Reims.

Lotaire, iiii. de ce nom,
xxxiiii. Roy de France.

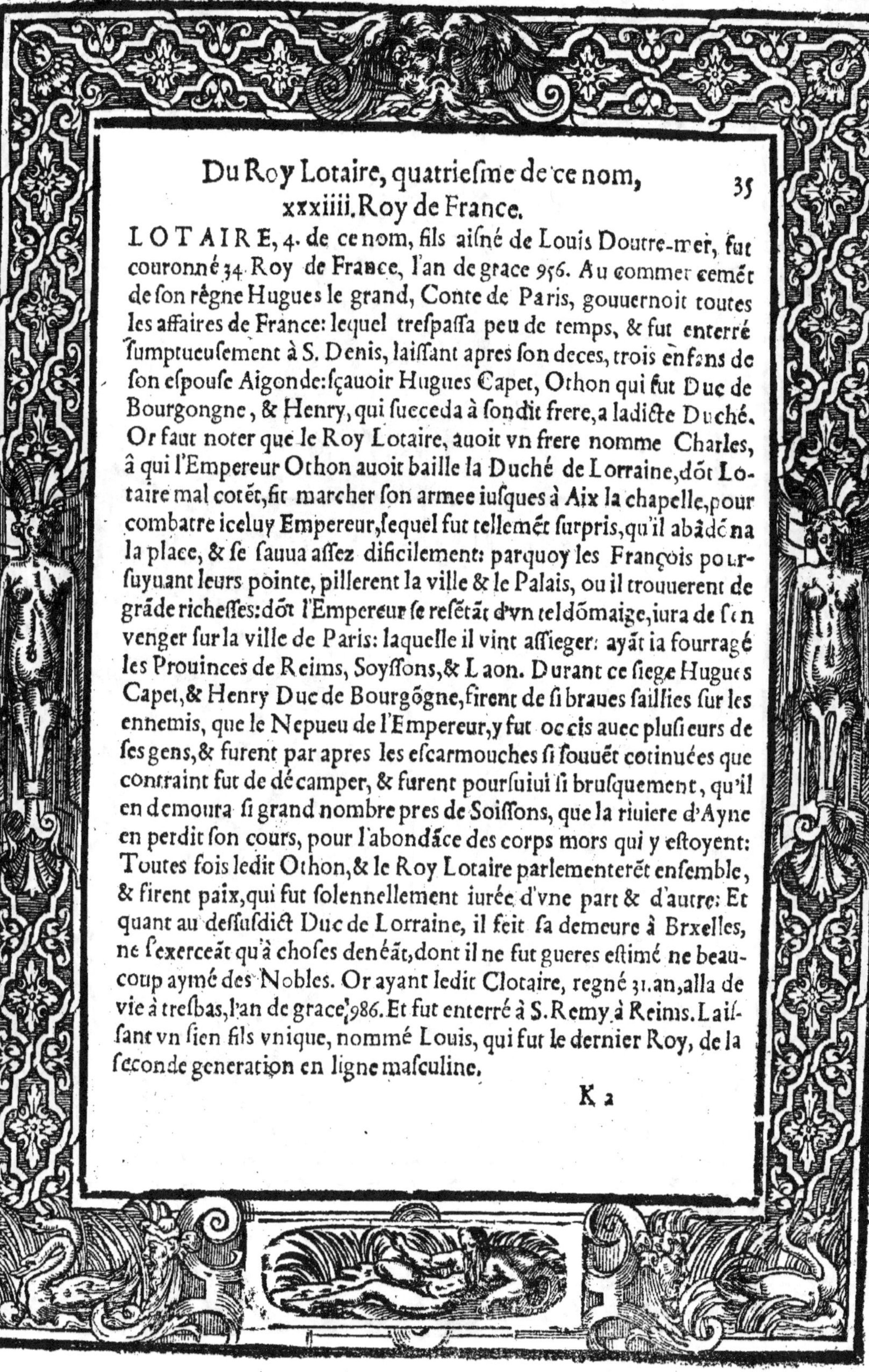

LOTAIRE, 4. de ce nom, fils aifné de Louis Doutre-mer, fut couronné 34. Roy de France, l'an de grace 956. Au commercemét de fon règne Hugues le grand, Conte de Paris, gouuernoit toutes les affaires de France: lequel trefpaffa peu de temps, & fut enterré fumptueufement à S. Denis, laiffant apres fon deces, trois enfans de fon efpoufe Aigonde: fçauoir Hugues Capet, Othon qui fut Duc de Bourgongne, & Henry, qui fucceda à fondit frere, a ladicte Duché. Or faut noter que le Roy Lotaire, auoit vn frere nommé Charles, â qui l'Empereur Othon auoit baillé la Duché de Lorraine, dót Lotaire mal cotét, fit marcher fon armee iufques à Aix la chapelle, pour combatre iceluy Empereur, fequel fut tellemét furpris, qu'il abâdóna la place, & fe fauua affez dificilement: parquoy les François pourfuyuant leurs pointe, pillerent la ville & le Palais, ou il trouuerent de gráde richeffes: dót l'Empereur fe refétát d'vn teldómaige, iura de fen venger fur la ville de Paris: laquelle il vint affieger, ayát ia fourragé les Prouinces de Reims, Soyffons, & Laon. Durant ce fiege Hugues Capet, & Henry Duc de Bourgógne, firent de fi braues failfies fur les ennemis, que le Nepueu de l'Empereur, y fut occis auec plufieurs de fes gens, & furent par apres les efcarmouches fi fouuét cotinuées que contraint fut de décamper, & furent pourfuiui fi brufquement, qu'il en demoura fi grand nombre pres de Soiffons, que la riuiere d'Ayne en perdit fon cours, pour l'abondáce des corps mors qui y eftoyent: Toutes fois ledit Othon, & le Roy Lotaire parlementerét enfemble, & firent paix, qui fut folennellement iurée d'vne part & d'autre: Et quant au deffufdict Duc de Lorraine, il feit fa demeure à Brxelles, ne f'exerceát qu'à chofes denéát, dont il ne fut gueres eftimé ne beaucoup aymé des Nobles. Or ayant ledit Clotaire, regné 31. an, alla de vie à trefbas, l'an de grace 986. Et fut enterré à S. Remy à Reims. Laiffant vn fien fils vnique, nommé Louis, qui fut le dernier Roy, de la feconde generation en ligne mafculine.

K 2

Louis cinquieme du nõ
& xxxv. Roy de France

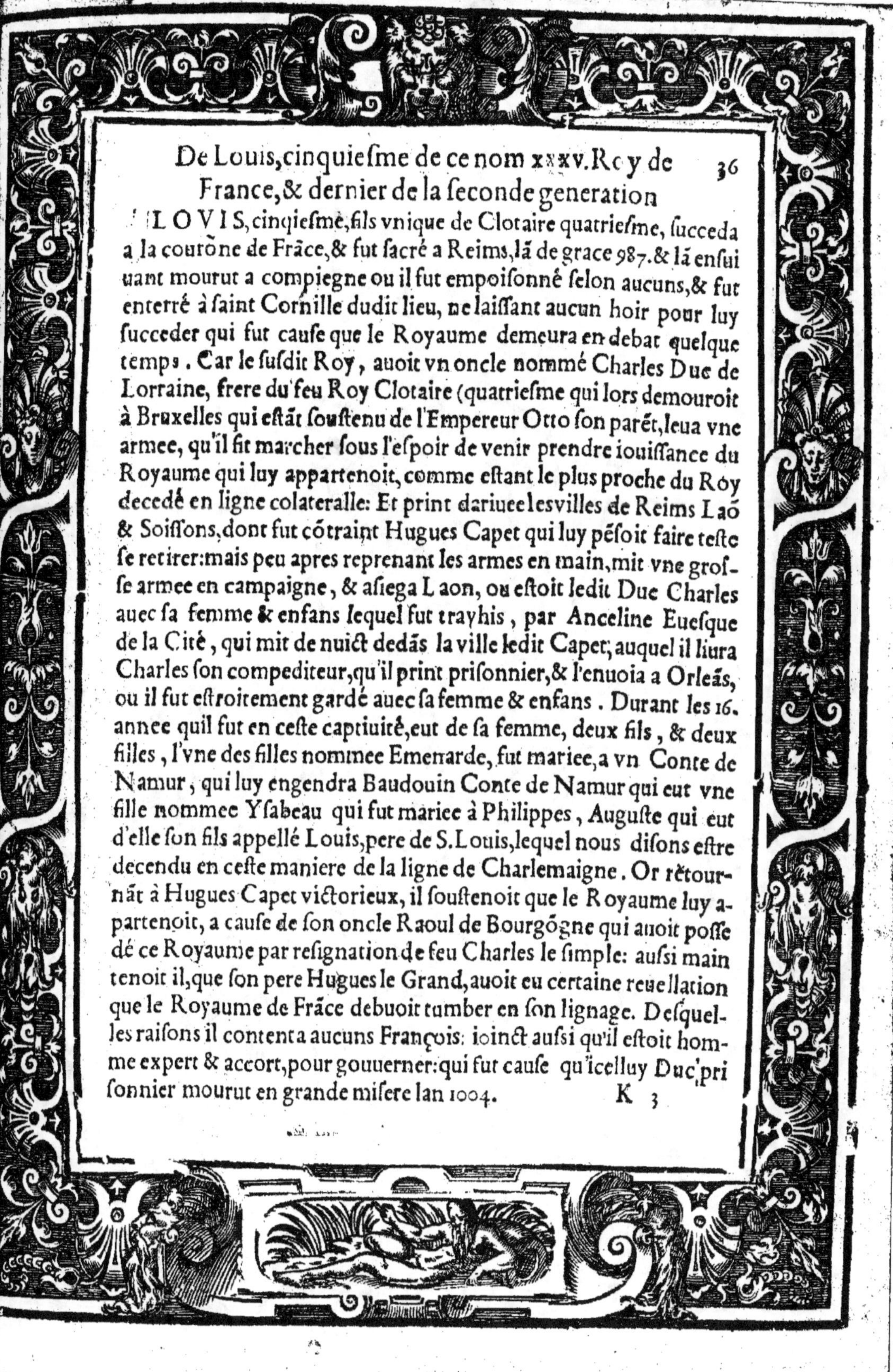

LOVIS, cinquiefme, fils vnique de Clotaire quatriefme, fucceda
a la courône de Frâce, & fut facré a Reims, lâ de grace 987. & lâ enfui
uant mourut a compiegne ou il fut empoifonné felon aucuns, & fut
enterré à faint Cornille dudit lieu, ne laiffant aucun hoir pour luy
fucceder qui fut caufe que le Royaume demeura en debat quelque
temps. Car le fufdit Roy, auoit vn oncle nommé Charles Duc de
Lorraine, frere du feu Roy Clotaire (quatriefme qui lors demouroit
à Bruxelles qui eftât fouftenu de l'Empereur Otto fon parét, leua vne
armee, qu'il fit marcher fous l'efpoir de venir prendre iouiffance du
Royaume qui luy appartenoit, comme eftant le plus proche du Rôy
decedé en ligne colateralle: Et print dariuee les villes de Reims Laô
& Soiffons, dont fut cótraint Hugues Capet qui luy péfoit faire tefte
fe retirer: mais peu apres reprenant les armes en main, mit vne groffe armee en campaigne, & afiega Laon, ou eftoit ledit Duc Charles
auec fa femme & enfans lequel fut trayhis, par Anceline Euefque
de la Cité, qui mit de nuiét dedâs la ville ledit Capet, auquel il liura
Charles fon compediteur, qu'il print prifonnier, & l'enuoia a Orleás,
ou il fut eftroitement gardé auec fa femme & enfans. Durant les 16.
annee quil fut en cefte captiuité, eut de fa femme, deux fils, & deux
filles, l'vne des filles nommee Emenarde, fut mariee, a vn Conte de
Namur, qui luy engendra Baudouin Conte de Namur qui eut vne
fille nommee Yfabeau qui fut mariee à Philippes, Auguſte qui eut
d'elle fon fils appellé Louis, pere de S. Louis, lequel nous difons eftre
decendu en cefte maniere de la ligne de Charlemaigne. Or rêtour-
nât à Hugues Capet victorieux, il fouftenoit que le Royaume luy a-
partenoit, a caufe de fon oncle Raoul de Bourgógne qui auoit poffe
dé ce Royaume par refignation de feu Charles le fimple: aufsi main
tenoit il, que fon pere Hugues le Grand, auoit eu certaine reuellation
que le Royaume de Frâce debuoit tumber en fon lignage. Defquelles raifons il contenta aucuns François: ioinét aufsi qu'il eftoit homme expert & accort, pour gouuerner: qui fut caufe qu'icelluy Duc pri
fonnier mourut en grande mifere lan 1004.   K 3

Hugue Capet, xxxvi.
Roy de France.

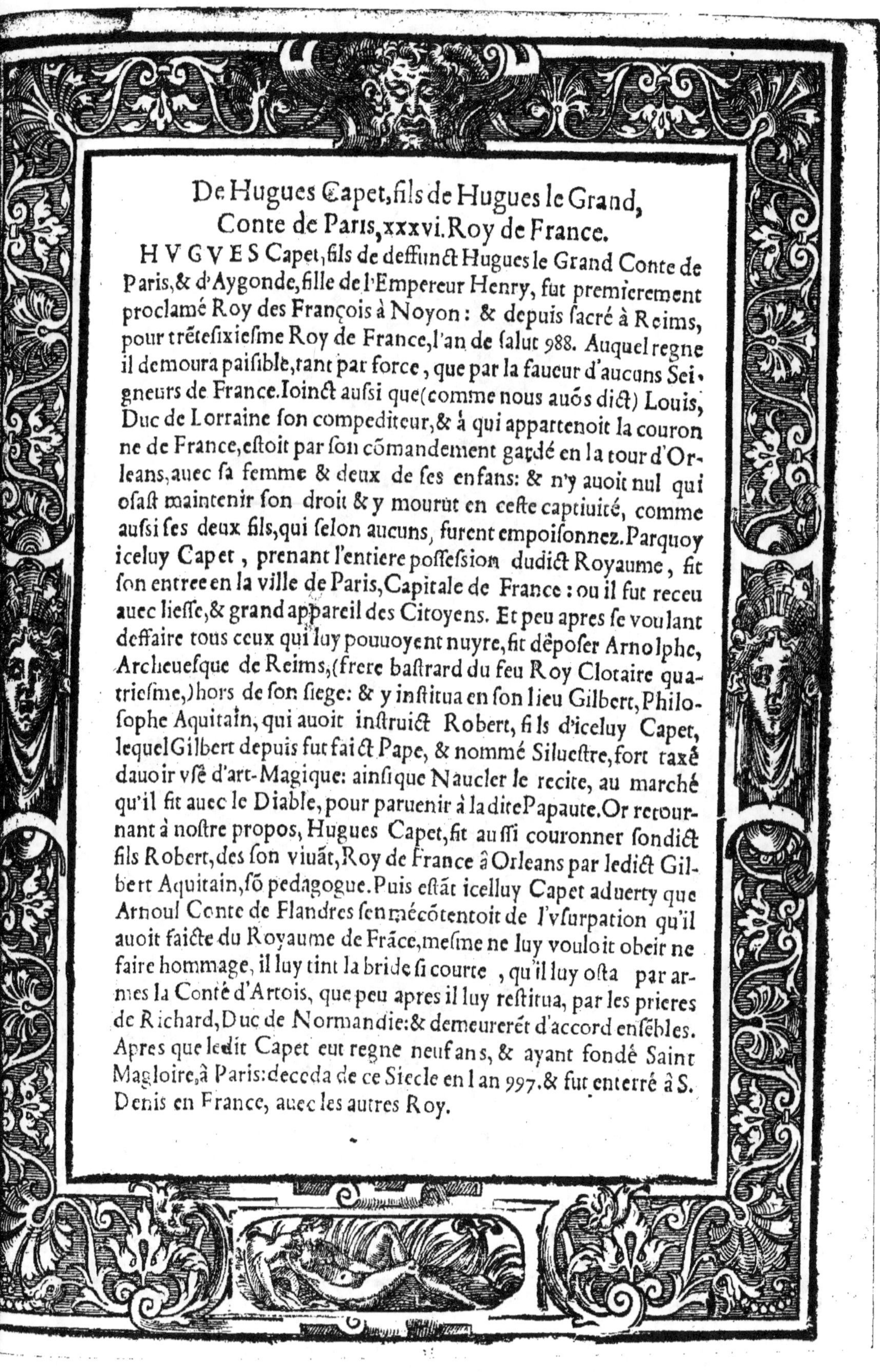

De Hugues Capet, fils de Hugues le Grand, Conte de Paris, xxxvi. Roy de France.

H V G V E S Capet, fils de deffunct Hugues le Grand Conte de Paris, & d'Aygonde, fille de l'Empereur Henry, fut premierement proclamé Roy des François à Noyon : & depuis sacré à Reims, pour trêtesixiesme Roy de France, l'an de salut 988. Auquel regne il demoura paisible, tant par force, que par la faueur d'aucuns Seigneurs de France. Ioinct aufsi que (comme nous auós dict) Louis, Duc de Lorraine son compediteur, & à qui appartenoit la couronne de France, estoit par son cómandement gardé en la tour d'Orleans, auec sa femme & deux de ses enfans: & n'y auoit nul qui osast maintenir son droit & y mourut en ceste captiuité, comme aufsi ses deux fils, qui selon aucuns, furent empoisonnez. Parquoy iceluy Capet, prenant l'entiere possession dudict Royaume, fit son entree en la ville de Paris, Capitale de France : ou il fut receu auec liesse, & grand appareil des Citoyens. Et peu apres se voulant deffaire tous ceux qui luy pouuoyent nuyre, fit déposer Arnolphe, Archeuesque de Reims, (frere bastrard du feu Roy Clotaire quatriesme,) hors de son siege: & y institua en son lieu Gilbert, Philosophe Aquitain, qui auoit instruict Robert, fils d'iceluy Capet, lequel Gilbert depuis fut faict Pape, & nommé Siluestre, fort taxé dauoir vsé d'art-Magique: ainsi que Naucler le recite, au marché qu'il fit auec le Diable, pour paruenir à la dite Papaute. Or retournant à nostre propos, Hugues Capet, fit aussi couronner sondict fils Robert, des son viuát, Roy de France à Orleans par ledict Gilbert Aquitain, só pedagogue. Puis estát icelluy Capet aduerty que Arnoul Conte de Flandres sen mécótentoit de l'vsurpation qu'il auoit faicte du Royaume de Fráce, mesme ne luy vouloit obeir ne faire hommage, il luy tint la bride si courte, qu'il luy osta par armes la Conté d'Artois, que peu apres il luy restitua, par les prieres de Richard, Duc de Normandie: & demeurerét d'accord ensébles. Apres que ledit Capet eut regne neuf ans, & ayant fondé Saint Magloire, à Paris: deceda de ce Siecle en l'an 997. & fut enterré à S. Denis en France, auec les autres Roy.

Robert, i. du nõ, xxxvii.
Roy de France.

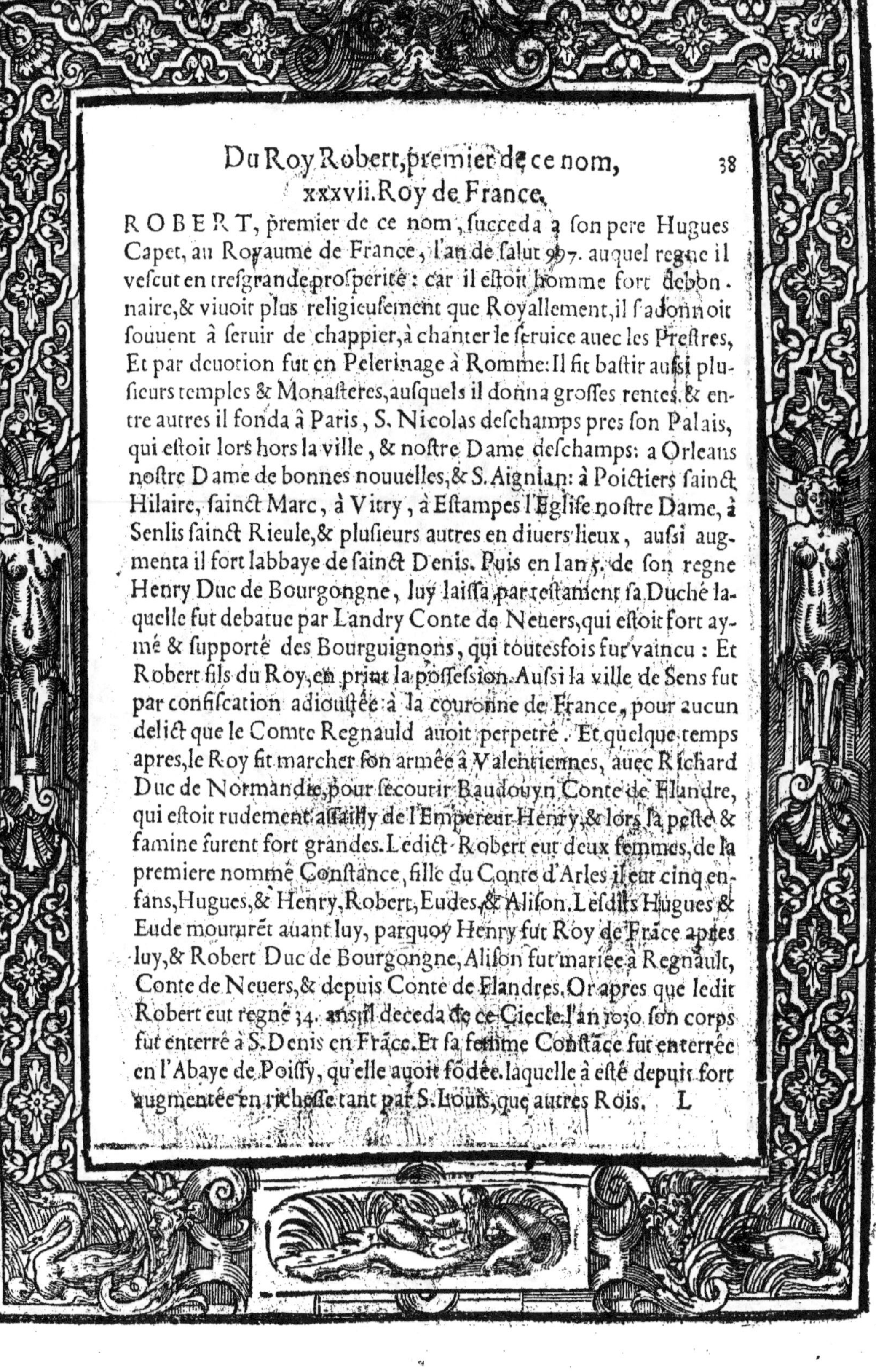

ROBERT, premier de ce nom, succeda a son pere Hugues
Capet, au Royaume de France, l'an de salut 997. auquel regne il
vescut en tresgrande prosperité : car il estoit homme fort debonnaire, & viuoit plus religieusement que Royallement, il s'adonnoit
souuent à seruir de chappier, à chanter le seruice auec les Prestres,
Et par deuotion fut en Pelerinage à Romme : Il fit bastir aussi plusieurs temples & Monasteres, ausquels il donna grosses rentes, & entre autres il fonda à Paris, S. Nicolas deschamps pres son Palais,
qui estoit lors hors la ville, & nostre Dame deschamps : a Orleans
nostre Dame de bonnes nouuelles, & S. Aignian : à Poictiers sainct
Hilaire, sainct Marc, à Vitry, à Estampes l'Eglise nostre Dame, à
Senlis sainct Rieule, & plusieurs autres en diuers lieux, aussi augmenta il fort l'abbaye de sainct Denis. Puis en l'an 5. de son regne
Henry Duc de Bourgongne, luy laissa par testament sa Duché laquelle fut debatue par Landry Conte de Neuers, qui estoit fort aymé & supporté des Bourguignons, qui toutesfois fut vaincu : Et
Robert fils du Roy, en print la possession. Aussi la ville de Sens fut
par confiscation adioustée à la couronne de France, pour aucun
delict que le Comte Regnauld auoit perpetré. Et quelque temps
apres, le Roy fit marcher son armée à Valentiennes, auec Richard
Duc de Normandie, pour secourir Baudouyn Conte de Flandre,
qui estoit rudement assailly de l'Empereur Henry, & lors la peste &
famine furent fort grandes. Ledict Robert eut deux femmes, de la
premiere nommé Constance, fille du Conte d'Arles il eut cinq enfans, Hugues, & Henry, Robert, Eudes, & Alison. Lesdits Hugues &
Eude moururét auant luy, parquoy Henry fut Roy de Frace apres
luy, & Robert Duc de Bourgongne, Alison fut mariée à Regnault,
Conte de Neuers, & depuis Conte de Flandres. Or apres que ledit
Robert eut regné 34. ans il deceda de ce Ciecle l'an 1030 son corps
fut enterré à S. Denis en Frace. Et sa femme Constace fut enterrée
en l'Abaye de Poissy, qu'elle auoit fodée, laquelle à esté depuis fort
augmentée en richesse tant par S. Louis, que autres Rois.   L

Henry, trentehuictiesme
Roy de France.

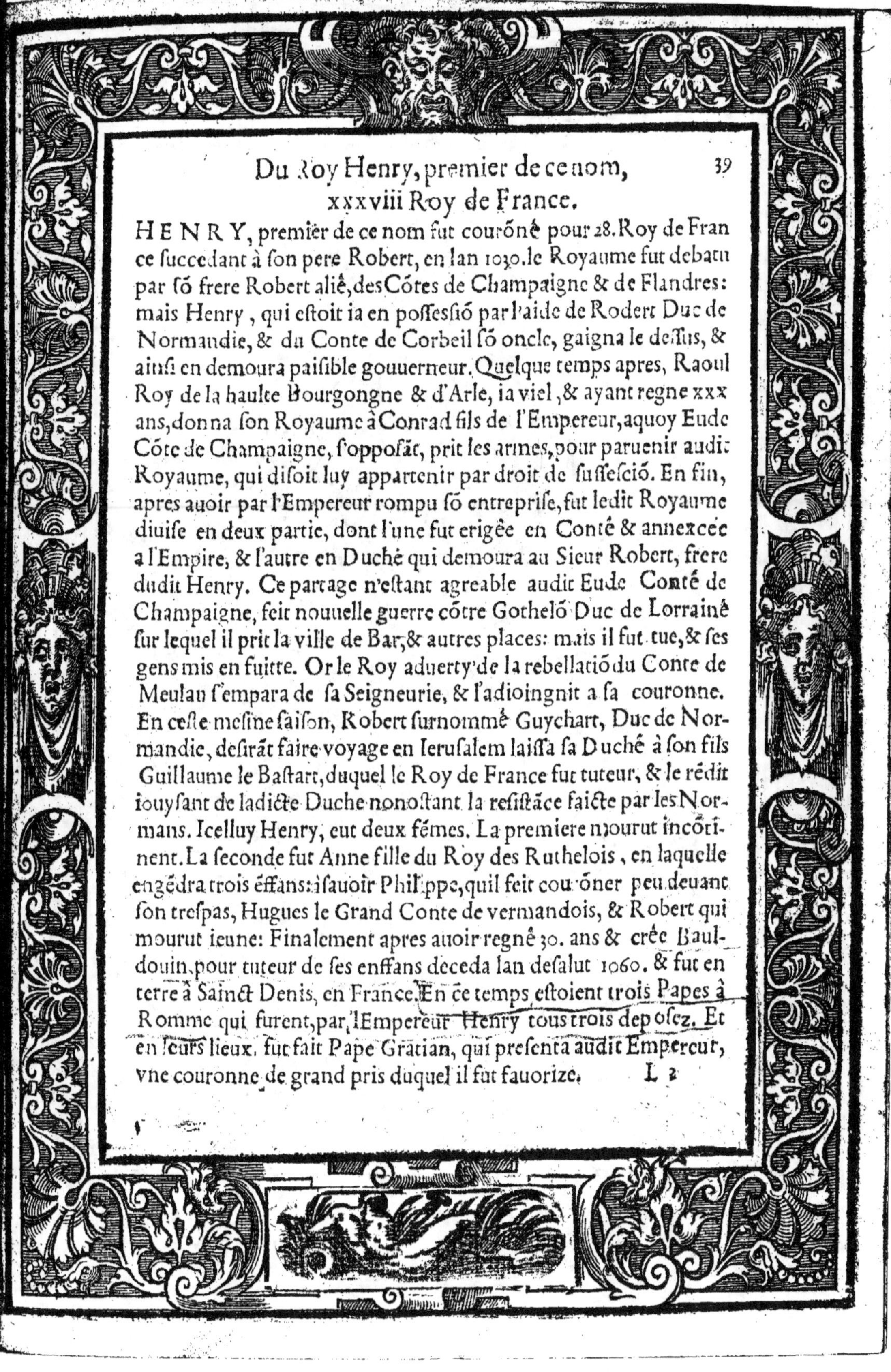

39

Du Roy Henry, premier de ce nom, xxxviii Roy de France.

HENRY, premier de ce nom fut couróné pour 28. Roy de France succedant à son pere Robert, en l'an 1030. le Royaume fut debatu par só frere Robert alié, des Côtes de Champaigne & de Flandres: mais Henry, qui estoit ia en possessió par l'aide de Rodert Duc de Normandie, & du Conte de Corbeil só oncle, gaigna le dessus, & ainsi en demoura paisible gouuerneur. Quelque temps apres, Raoul Roy de la haulte Bourgongne & d'Arle, ia viel, & ayant regne xxx ans, donna son Royaume à Conrad fils de l'Empereur, aquoy Eude Côte de Champaigne, s'opposâr, prit les armes, pour paruenir audit Royaume, qui disoit luy appartenir par droit de sussescló. En fin, apres auoir par l'Empereur rompu só entreprise, fut ledit Royaume diuisé en deux partie, dont l'une fut erigée en Conté & annexée a l'Empire, & l'autre en Duché qui demoura au Sieur Robert, frere dudit Henry. Ce partage n'estant agreable audit Eude Comté de Champaigne, feit nouuelle guerre côtre Gothe ló Duc de Lorrainé sur lequel il prit la ville de Bar, & autres places: mais il fut tue, & ses gens mis en fuitte. Or le Roy aduerty de la rebellatió du Conte de Meulan s'empara de sa Seigneurie, & l'adioingnit a sa couronne. En ceste mesine saison, Robert surnommé Guychart, Duc de Normandie, desirát faire voyage en Ierusalem laissa sa Duché à son fils Guillaume le Bastart, duquel le Roy de France fut tuteur, & le rédit iouyssant de ladicte Duche nonostant la resistáce faicte par les Normans. Icelluy Henry, eut deux fémes. La premiere mourut incótinent. La seconde fut Anne fille du Roy des Ruthelois, en laquelle engédra trois éffans: isauoir Philippe, quil feit cou óner peu deuant son trespas, Hugues le Grand Conte de vermandois, & Robert qui mourut ieune: Finalement apres auoir regné 30. ans & crée Bauldouin, pour tuteur de ses enffans deceda l'an de salut 1060. & fut enterre à Sainct Denis, en France. En ce temps estoient trois Papes à Romme qui furent, par l'Empereur Henry tous trois dep osez. Et en leurs lieux, fut fait Pape Gratian, qui presenta audit Empereur, vne couronne de grand pris duquel il fut fauorize.   L 2

Philippe, i. du nom
xxxix. Roy de France

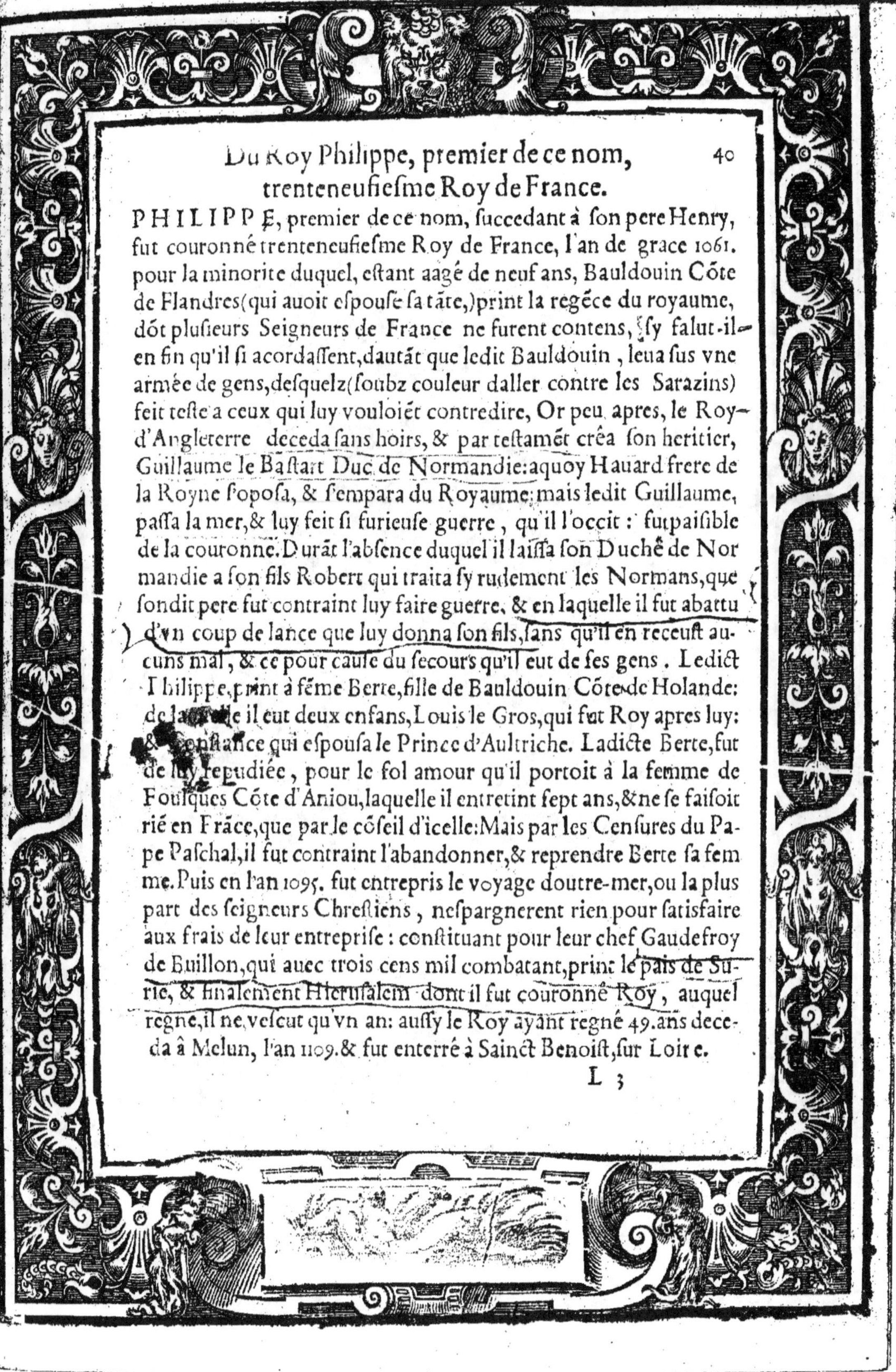

40

Du Roy Philippe, premier de ce nom,
trenteneufiefme Roy de France.

PHILIPPE, premier de ce nom, fuccedant à fon pere Henry,
fut couronné trenteneufiefme Roy de France, l'an de grace 1061.
pour la minorite duquel, eftant aagé de neuf ans, Bauldouin Cóte
de Flandres(qui auoit efpoufe fa táte,)print la regéce du royaume,
dót plufieurs Seigneurs de France ne furent contens, fy falut-il
en fin qu'il fi acordaffent,dautát que ledit Bauldouin, leua fus vne
armée de gens,defquelz(foubz couleur daller contre les Sarazins)
feit tefte a ceux qui luy vouloiét contredire, Or peu apres, le Roy
d'Angleterre deceda fans hoirs, & par teftamét créa fon heritier,
Guillaume le Baftart Duc de Normandie:aquoy Hauard frere de
la Royne fopofa, & fempara du Royaume:mais ledit Guillaume,
paffa la mer,& luy feit fi furieufe guerre, qu'il l'occit : futpaifible
de la couronne.Durát l'abfence duquel il laiffa fon Duché de Nor
mandie a fon fils Robert qui traita fy rudement les Normans,que
fondit pere fut contraint luy faire guerre. & en laquelle il fut abattu
d'vn coup de lance que luy donna fon fils,fans qu'il en receuft aucuns mal, & ce pour caufe du fecours qu'il eut de fes gens. Ledict
Philippe,print à féme Berte,fille de Bauldouin Cóte de Holande:
de laquelle il eut deux enfans,Louis le Gros,qui fut Roy apres luy:
& Conftance qui efpoufa le Prince d'Aultriche. Ladicte Berte,fut
de luy repudiée, pour le fol amour qu'il portoit à la femme de
Foulques Cóte d'Aniou,laquelle il entretint fept ans,&ne fe faifoit
rié en Fráce,que par le cófeil d'icelle:Mais par les Cenfures du Pa
pe Pafchal,il fut contraint l'abandonner,& reprendre Berte fa fem
me.Puis en l'an 1095. fut entrepris le voyage doutre-mer,ou la plus
part des feigneurs Chreftiens, nefpargnerent rien pour fatisfaire
aux frais de leur entreprife : conftituant pour leur chef Gaudefroy
de Buillon,qui auec trois cens mil combatant,print le pais de Su-
rie, & finalement Hierufalem dont il fut couronné Roy, auquel
regne,il ne vefcut qu'vn an: auffy le Roy ayant regné 49.ans deceda à Melun, l'an 1109.& fut enterré à Sainct Benoift,fur Loire.

L 3

Louis le gros, quaré-
tiefme Roy de Frãce

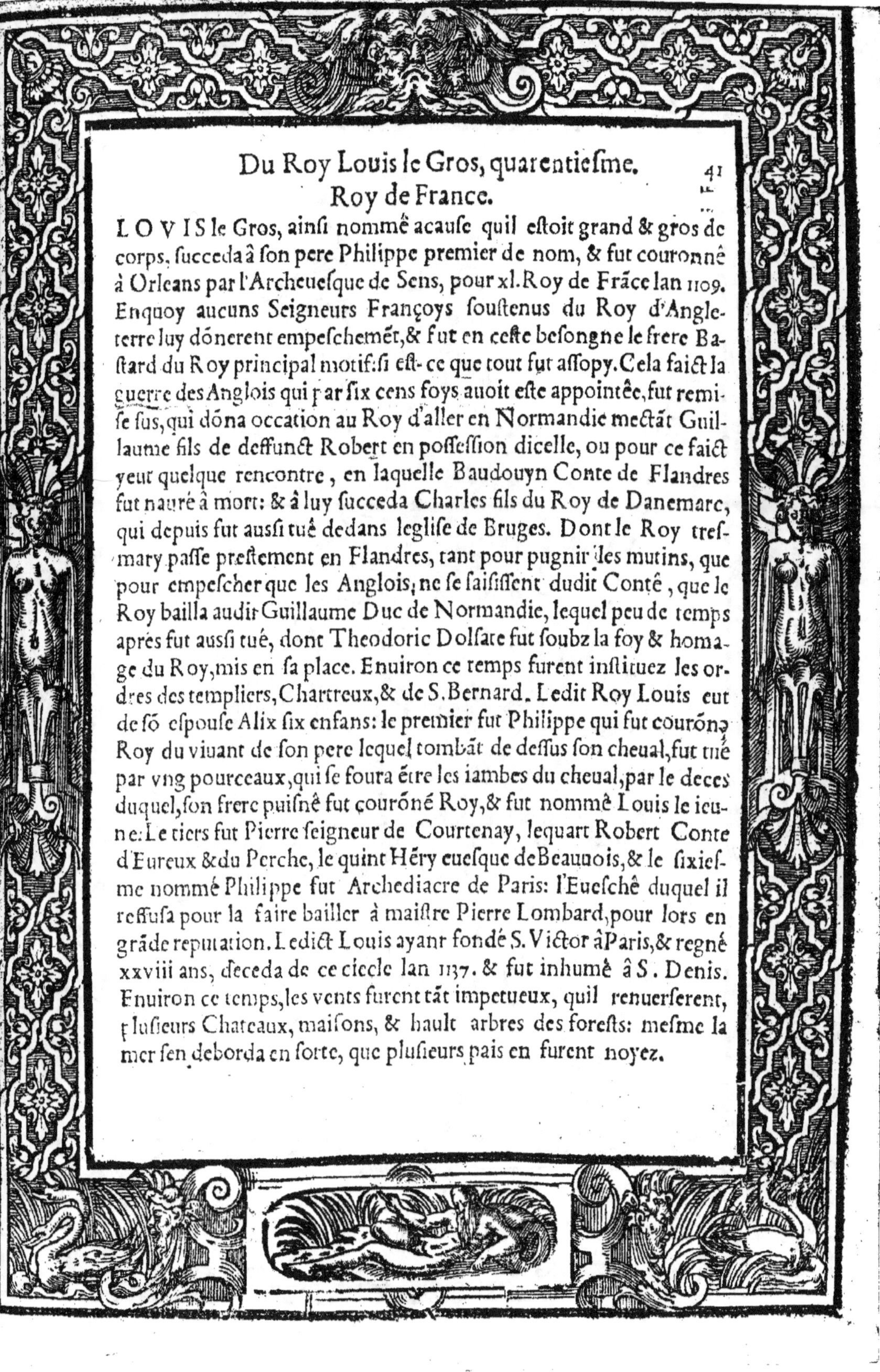

L O V I S le Gros, ainsi nommé acause quil estoit grand & gros de
corps, succeda à son pere Philippe premier de nom, & fut couronné
à Orleans par l'Archeuesque de Sens, pour xl. Roy de Fráce lan 1109.
Enquoy aucuns Seigneurs Françoys soustenus du Roy d'Angleterre luy dónerent empeschemét, & fut en ceste besongne le frere Bastard du Roy principal motif: si est-ce que tout fut assopy. Cela faict la
guerre des Anglois qui par six cens foys auoit este appointée, fut remi-
se sus, qui dóna occation au Roy d'aller en Normandie mectát Guillaume fils de deffunct Robert en possession dicelle, ou pour ce faict
yeut quelque rencontre, en laquelle Baudouyn Conte de Flandres
fut nauré à mort: & à luy succeda Charles fils du Roy de Danemarc,
qui depuis fut aussi tué dedans leglise de Bruges. Dont le Roy tresf-
mary passe prestement en Flandres, tant pour pugnir les mutins, que
pour empescher que les Anglois, ne se saisissent dudit Conté, que le
Roy bailla audit Guillaume Duc de Normandie, lequel peu de temps
aprés fut aussi tué, dont Theodoric Dolsate fut soubz la foy & homa-
ge du Roy, mis en sa place. Enuiron ce temps furent instituez les or-
dres des templiers, Chartreux, & de S. Bernard. Ledit Roy Louis eut
de só espouse Alix six enfans: le premier fut Philippe qui fut couróné
Roy du viuant de son pere lequel tombát de dessus son cheual, fut tué
par vng pourceaux, qui se foura étre les iambes du cheual, par le deces
duquel, son frere puisné fut couróné Roy, & fut nommé Louis le ieune: Le tiers fut Pierre seigneur de Courtenay, lequart Robert Conte
d'Eureux & du Perche, le quint Héry euesque de Beauuois, & le sixief-
me nommé Philippe fut Archediacre de Paris: l'Euesché duquel il
ressusa pour la faire bailler à maistre Pierre Lombard, pour lors en
gráde reputation. Ledict Louis ayant fondé S. Victor àParis, & regné
xxviii ans, deceda de ce ciecle lan 1137. & fut inhumé â S. Denis.
Enuiron ce temps, les vents furent tát impetueux, quil renuerserent,
plusieurs Chateaux, maisons, & hault arbres des forests: mesme la
mer sen deborda en sorte, que plusieurs pais en furent noyez.

Louis le ieune, quaren-
tiesme Roy de France.

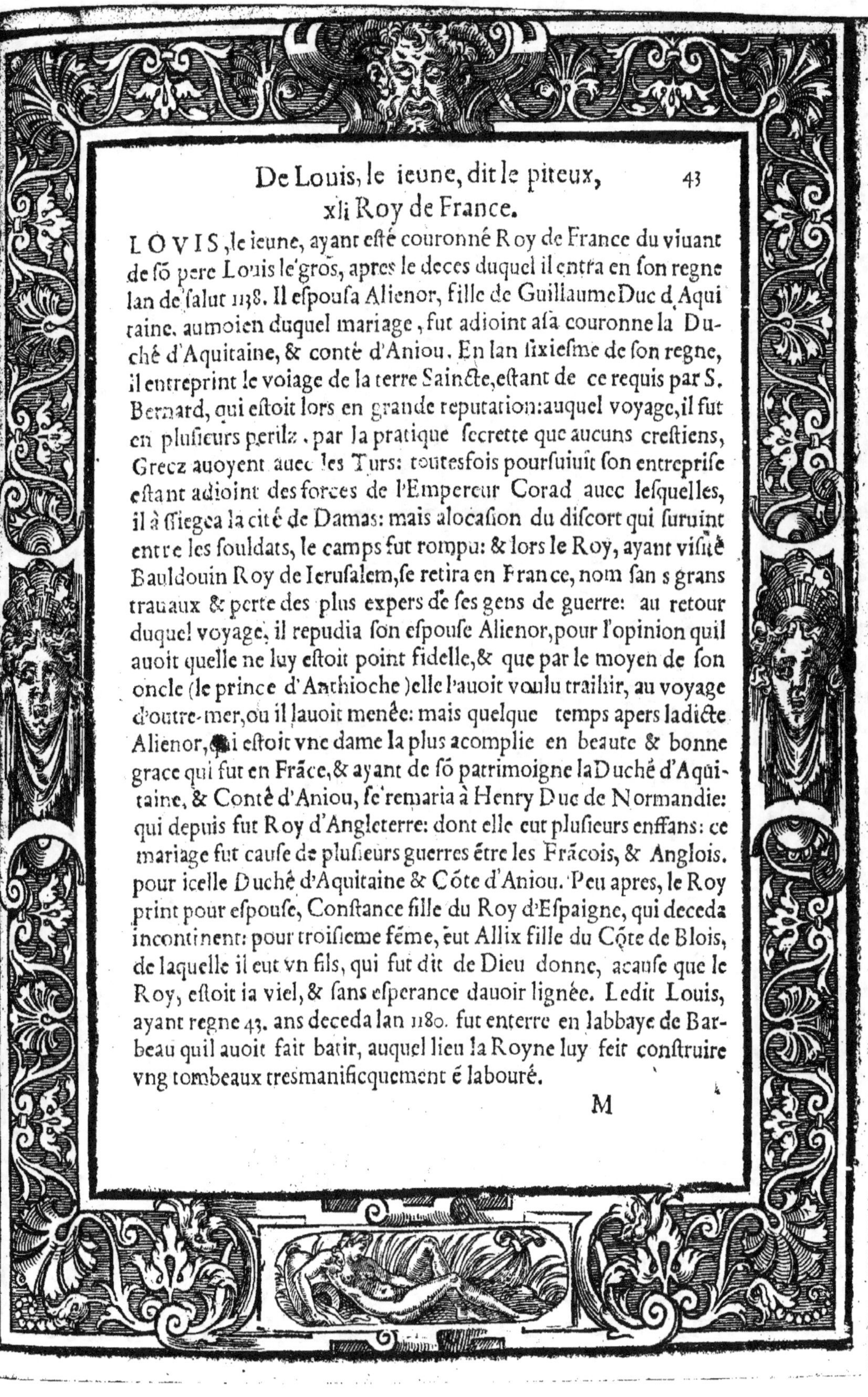

L O V I S, le ieune, ayant esté couronné Roy de France du viuant
de só pere Louis le gros, apres le deces duquel il entra en son regne
lan de salut 1138. Il espousa Alienor, fille de Guillaume Duc d Aqui
taine, aumoien duquel mariage, fut adioint afa couronne la Duché d'Aquitaine, & conté d'Aniou. En lan sixiesme de son regne,
il entreprint le voiage de la terre Saincte, estant de ce requis par S.
Bernard, qui estoit lors en grande reputation: auquel voyage, il fut
en plusieurs perilz, par la pratique secrette que aucuns crestiens,
Grecz auoyent auec les Turs: toutesfois poursuiuit son entreprise
estant adioint des forces de l'Empereur Corad auec lesquelles,
il à ssiegea la cité de Damas: mais alocasion du discort qui suruint
entre les souldats, le camps fut rompu: & lors le Roy, ayant visité
Bauldouin Roy de Ierusalem, se retira en France, nom san s grans
trauaux & perte des plus expers de ses gens de guerre: au retour
duquel voyage, il repudia son espouse Alienor, pour l'opinion quil
auoit quelle ne luy estoit point fidelle, & que par le moyen de son
oncle (le prince d'Anthioche) elle l'auoit voulu traihir, au voyage
d'outre-mer, ou il lauoit menée: mais quelque temps apers ladicte
Alienor, qui estoit vne dame la plus acomplie en beaute & bonne
grace qui fut en Fráce, & ayant de só patrimoigne la Duché d'Aquitaine, & Conté d'Aniou, se remaria à Henry Duc de Normandie:
qui depuis fut Roy d'Angleterre: dont elle eut plusieurs enffans: ce
mariage fut cause de plusieurs guerres étre les Frácois, & Anglois.
pour icelle Duché d'Aquitaine & Cóte d'Aniou. Peu apres, le Roy
print pour espouse, Constance fille du Roy d'Espaigne, qui deceda
incontinent: pour troisieme féme, eut Allix fille du Cóte de Blois,
de laquelle il eut vn fils, qui fut dit de Dieu donne, acause que le
Roy, estoit ia viel, & sans esperance dauoir lignée. Ledit Louis,
ayant regne 43. ans deceda lan 1180. fut enterre en labbaye de Bar-
beau quil auoit fait batir, auquel lieu la Royne luy feit construire
vng tombeaux tresmanificquement é labouré.

M

Philippe Auguste, xii.
Roy de France.

PHILIPPE Augufte,(dit de Dieu donné)fils de Louis le ieune,fut quarente-deuxiéme Roy de France, en l'an 1181.lequel ayant
faits plufieurs Efdits contre les blaphemateurs, & chaffé les Iuifz
hors de fes pais: rengea fi bien les cotereaux, qui eftoient vng peuple ramaffez faifant plufieurs infolence,quil en extermina la rafce.
Iceluy Philippe auguementa fort la ville de Paris: conftituant en
icelle les efcheuins y faifant établir les halles, pauer les rues, fer
mer de mur S.Innocent & fortifier icelle Cite de haulte tours &
fortes meurailles,clore le bois de Vincienne: de fon regne fut auffi
pourfuyui le baftiment tres artificiel de noftre Dame de Paris qui
eftoit ia aré de terre. Puis en l'an 1196.feftant acofté de Richard
Roy d'Angletrre, feit le voyage de la terre Sainéte, foubz lefperá-
ce de reconquerre Ierufalem que Saladin Soudan d'Egipte auoit
prife fur les creftiens:auquel voiage par le peril de mer,perdit gräd
nombre de fes vaifeaux: nonobftant ce,il aborda es marches de Si-
rie ou il print, la cite de Tholemaide: Mais voyant la pefte en fon
camps(& fe deffiant auffy du Roy d'Angleterre)fe retira en France,
Peu apres, eftant ce Roy Richart,reuenu d'outre-mer,fémeut nouuelle guerre être le Roy Philippe & luy: dót furét les batailles régée
pres d'Ifoudun: mais eftans prefts de fentre choquer.iceluy Richart
ce fentät en hazar d'eftre deffait, vint tout defarmé fhumillier vers
le Roy Philippe, auquel il feit l'hommage du Duchè de Normädie
&des Contés de Ponthieu, & Poitou: mais ce Richart mort luy
fucedá fon frere Iehan fans terre qui tua Artus Conte de Bretaine
fon nepueu: dont le Roy print telle vengence qu'il conquiét fur
luy Normandie, Aquitaine, le Maine, Aniou, Poitou & Auuer-
gne. Oultre ce pour rompre l'aliance que fe Roy Iehan auoit fait
auec l'Empereur Othon,& Ferrant Conte de Flandres il leur liura
vne batatille tanr prudenment execcutée, qu'il mit en fuyte ledit
Othon : print le Conte d'anmartin, & mena prifonnier le Conte
Ferrät au louure à Paris:dont il fut dit philippe le cóquerät, lequel
ayanr regne 43.ans deceda l'an 1223.Il gift à S.Denis.   M 2

Louis, huictiesme de ce
nom, xliiiᵉ Roy de France.

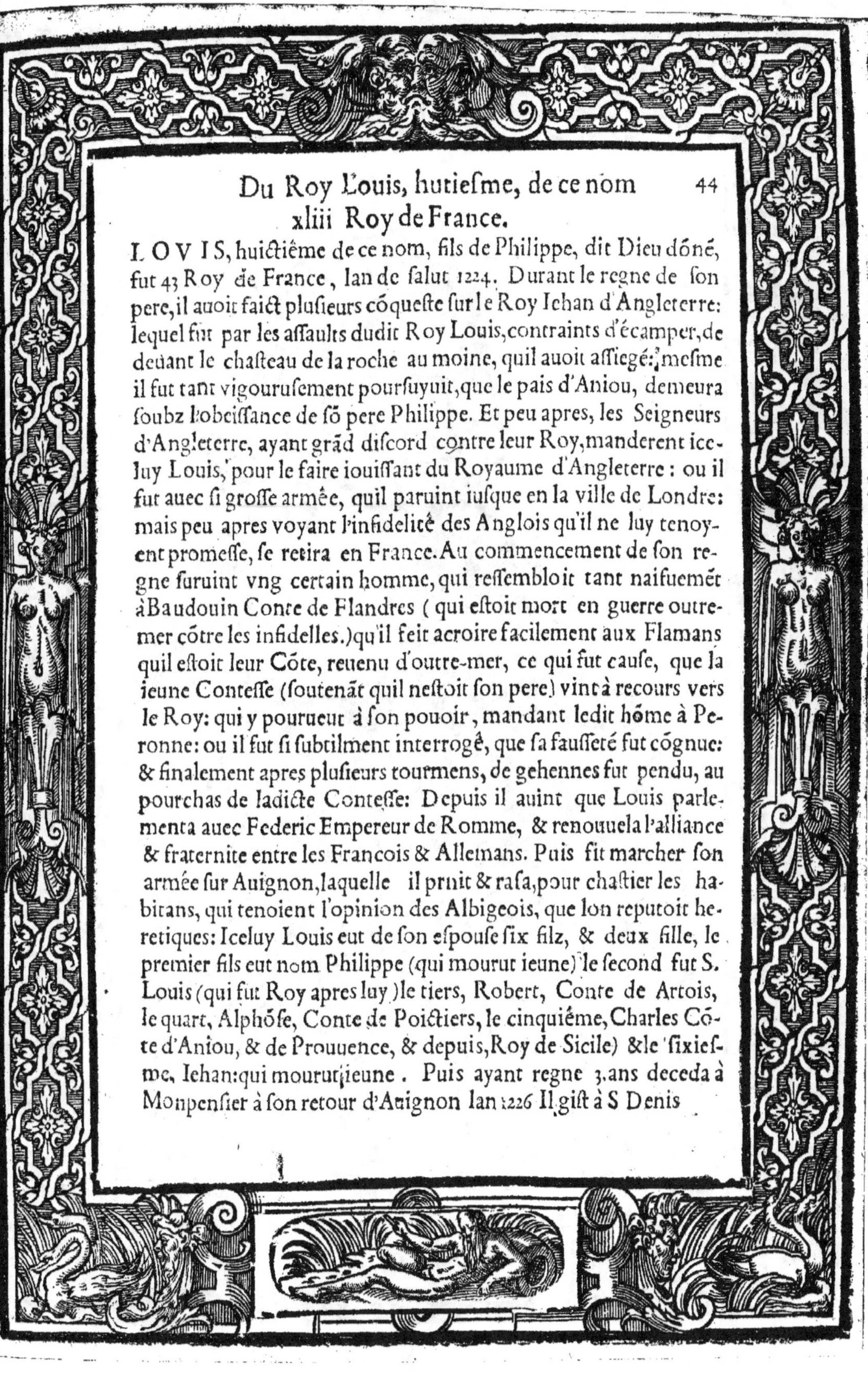

LOVIS, huictiéme de ce nom, fils de Philippe, dit Dieu dóné,
fut 43 Roy de France, lan de falut 1224. Durant le regne de fon
pere, il auoit faict plufieurs cóquefte fur le Roy Iehan d'Angleterre:
lequel fut par les affaults dudict Roy Louis, contraints d'écamper, de
deuant le chafteau de la roche au moine, quil auoit affiegé: mefme
il fut tant vigourufement pourfuyuit, que le pais d'Aniou, demeura
foubz l'obeiffance de fó pere Philippe. Et peu apres, les Seigneurs
d'Angleterre, ayant grád difcord contre leur Roy, manderent iceluy Louis, pour le faire iouiffant du Royaume d'Angleterre : ou il
fut auec fi groffe armée, quil paruint iufque en la ville de Londre:
mais peu apres voyant l'infidelité des Anglois qu'il ne luy tenoy-
ent promeffe, fe retira en France. Au commencement de fon regne furuint vng certain homme, qui reffembloit tant naifuemét
à Baudouin Conte de Flandres (qui eftoit mort en guerre outre-
mer cótre les infidelles.) qu'il feit acroire facilement aux Flamans
quil eftoit leur Cóte, reuenu d'outtre-mer, ce qui fut caufe, que la
ieune Conteffe (foutenát quil neftoit fon pere) vint à recours vers
le Roy: qui y pourueut à fon pouoir, mandant ledit hóme à Peronne: ou il fut fi fubtilment interrogé, que fa fauffeté fut cógnue:
& finalement apres plufieurs tourmens, de gehennes fut pendu, au
pourchas de ladicte Conteffe: Depuis il auint que Louis parle-
menta auec Federic Empereur de Romme, & renouuela l'alliance
& fraternite entre les Francois & Allemans. Puis fit marcher fon
armée fur Auignon, laquelle il prnit & rafa, pour chaftier les habitans, qui tenoient l'opinion des Albigeois, que lon reputoit heretiques: Iceluy Louis eut de fon efpoufe fix filz, & deux fille, le
premier fils eut nom Philippe (qui mourut ieune) le fecond fut S.
Louis (qui fut Roy apres luy) le tiers, Robert, Conte de Artois,
le quart, Alphófe, Conte de Poictiers, le cinquiéme, Charles Cóte d'Aniou, & de Prouuence, & depuis, Roy de Sicile) & le fixiefme, Iehan: qui mourut ieune. Puis ayant regne 3. ans deceda à
Monpenfier à fon retour d'Auignon lan 1226 Il gift à S Denis

Sainct Louis, neufiesme de
ce nõ xliiii Roy de Frãce.

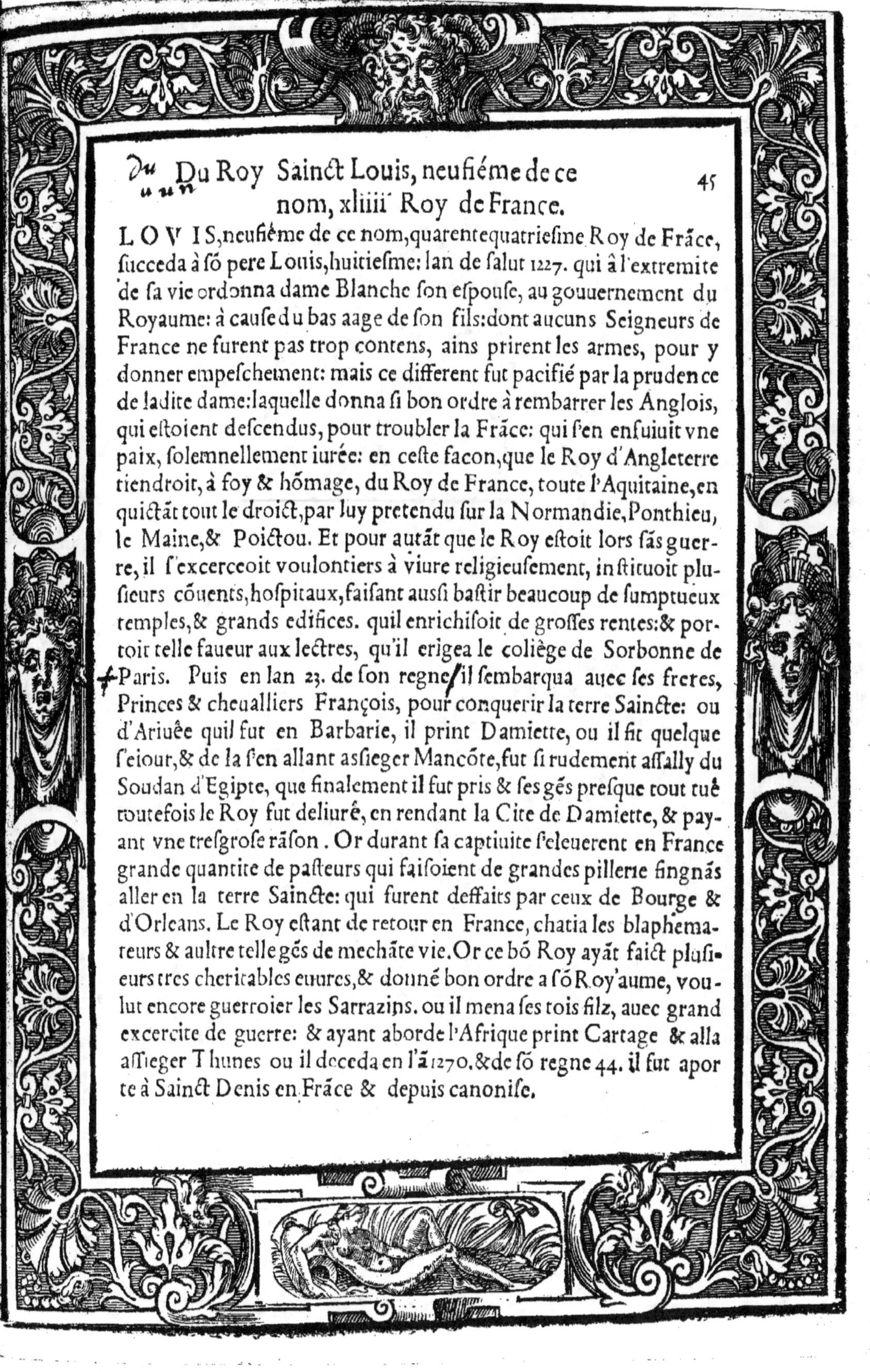

LOVIS, neufiéme de ce nom, quarentequatriefme Roy de Frãce,
fucceda à ſõ pere Louis, huitiefme: lan de ſalut 1227. qui â l'extremite
de ſa vie ordonna dame Blanche ſon eſpouſe, au gouuernement du
Royaume: à cauſe du bas aage de ſon fils: dont aucuns Seigneurs de
France ne furent pas trop contens, ains prirent les armes, pour y
donner empeſchement: mais ce different fut pacifié par la prudence
de ladite dame: laquelle donna ſi bon ordre à rembarrer les Anglois,
qui eſtoient deſcendus, pour troubler la Frãce: qui ſ'en enſuiuit vne
paix, ſolemnellement iurée: en ceſte facon, que le Roy d'Angleterre
tiendroit, à foy & hõmage, du Roy de France, toute l'Aquitaine, en
quictãt tout le droict, par luy pretendu ſur la Normandie, Ponthieu,
le Maine, & Poictou. Et pour autãt que le Roy eſtoit lors ſãs guerre, il ſ'excerceoit voulontiers à viure religieuſement, inſtituoit pluſieurs cõuents, hoſpitaux, faiſant auſſi baſtir beaucoup de ſumptueux
temples, & grands edifices. quil enrichiſoit de groſſes rentes: & portoit telle faueur aux lectres, qu'il erigea le coliège de Sorbonne de
Paris. Puis en lan 23. de ſon regne, il ſembarqua auec ſes freres,
Princes & cheualliers François, pour conquerir la terre Saincte: ou
d'Ariuêe quil fut en Barbarie, il print Damiette, ou il fit quelque
ſeiour, & de la ſ'en allant asſieger Mancóte, fut ſi rudement aſſally du
Soudan d'Egipte, que finalement il fut pris & ſes gẽs preſque tout tuẽ
toutefois le Roy fut deliurê, en rendant la Cite de Damiette, & payant vne treſgroſe rãſon. Or durant ſa captiuite ſ'eleuerent en France
grande quantite de paſteurs qui faiſoient de grandes pillerie ſingnãs
aller en la terre Saincte: qui furent deffaits par ceux de Bourge &
d'Orleans. Le Roy eſtant de retour en France, chatia les blaphemateurs & aultre telle gés de mechãte vie. Or ce bõ Roy ayãt faict pluſieurs tres cheritables euures, & donné bon ordre a ſõ Roy'aume, voulut encore guerroier les Sarrazins. ou il mena ſes tois filz, auec grand
excercite de guerre: & ayant aborde l'Afrique print Cartage & alla
aſſieger Thunes ou il deceda en l'ã 1270. & de ſõ regne 44. il fut apor
te à Sainct Denis en Frãce & depuis canoniſe.

Philippe, tiers de ce
nom, xlv. Roy de Fr.

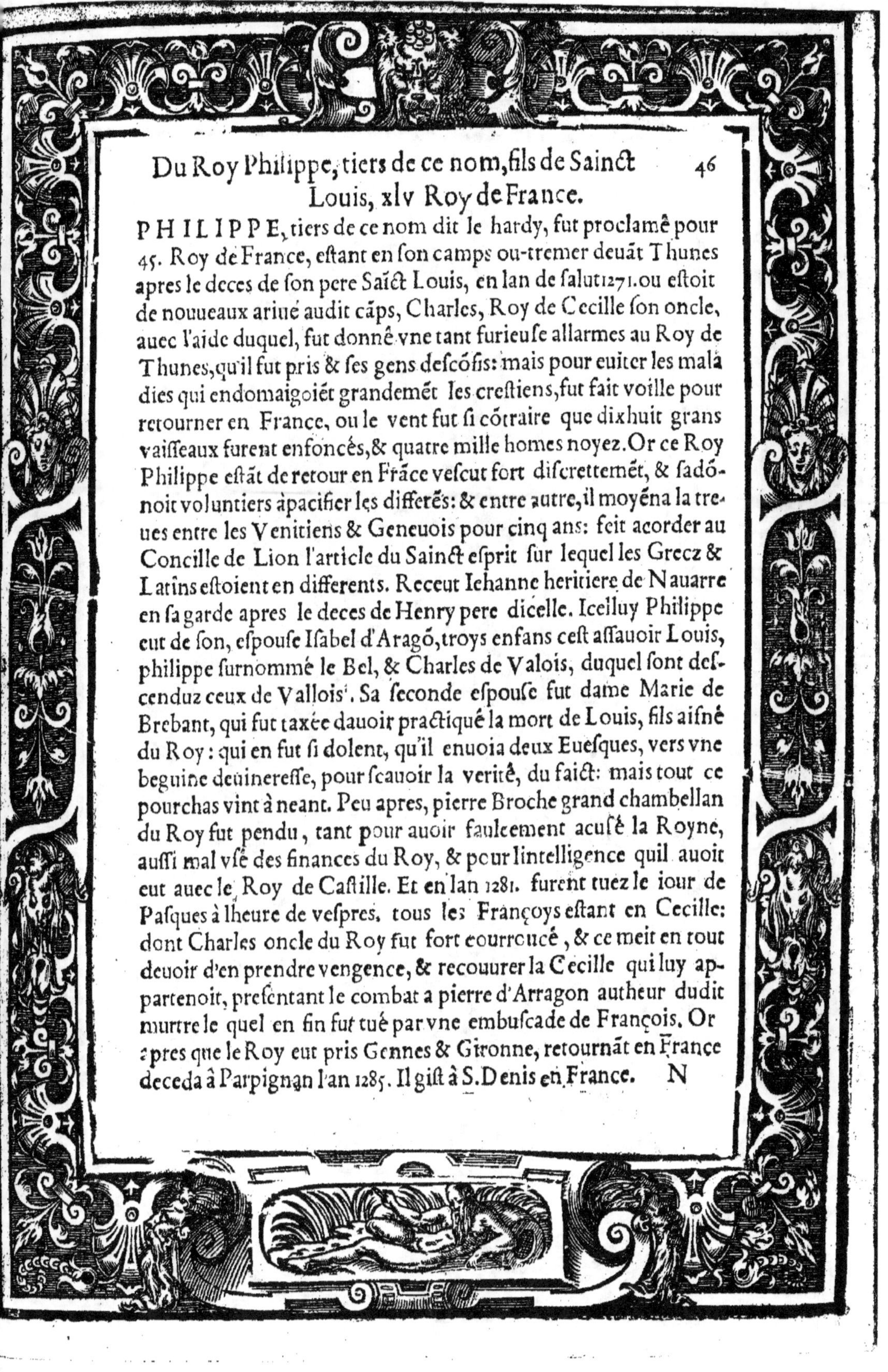

PHILIPPE, tiers de ce nom dit le hardy, fut proclamê pour
45. Roy de France, estant en son camps ou-tremer deuát Thunes
apres le deces de son pere Saíct Louis, en lan de salut 1271. ou estoit
de nouueaux ariué audit cáps, Charles, Roy de Cecille son oncle,
auec l'aide duquel, fut donné vne tant furieuse allarmes au Roy de
Thunes, qu'il fut pris & ses gens descófis: mais pour euiter les malá
dies qui endomaigoiét grandemét les crestiens, fut fait voile pour
retourner en France, ou le vent fut si cótraire que dixhuit grans
vaisseaux furent enfoncés, & quatre mille homes noyez. Or ce Roy
Philippe estát de retour en Fráce vescut fort discrettemét, & sadó-
noit voluntiers àpacifier les differés: & entre autre, il moyéna la treues entre les Venitiens & Geneuois pour cinq ans: feit acorder au
Concille de Lion l'article du Sainct esprit sur lequel les Grecz &
Latins estoient en differents. Receut Iehanne heritiere de Nauarre
en sa garde apres le deces de Henry pere dicelle. Icelluy Philippe
eut de son, espouse Isabel d'Aragó, troys enfans cest assauoir Louis,
philippe surnommé le Bel, & Charles de Valois, duquel sont des-
cenduz ceux de Vallois. Sa seconde espouse fut dame Marie de
Brebant, qui fut taxée dauoir practiqué la mort de Louis, fils aisné
du Roy: qui en fut si dolent, qu'il enuoia deux Euesques, vers vne
beguine deuineresse, pour scauoir la verité, du faict: mais tout ce
pourchas vint à neant. Peu apres, pierre Broche grand chambellan
du Roy fut pendu, tant pour auoir faulcement acusé la Royne,
aussi mal vsé des finances du Roy, & pour lintelligence quil auoit
eut auec le Roy de Castille. Et en lan 1281. furent tuez le iour de
Pasques à lheure de vespres, tous les Françoys estant en Cecille:
dont Charles oncle du Roy fut fort courroucé, & ce meit en tout
deuoir d'en prendre vengeance, & recouurer la Cecille qui luy appartenoit, presentant le combat a pierre d'Arragon autheur dudit
murtre le quel en fin fut tué par vne embuscade de François. Or
apres que le Roy eut pris Gennes & Gironne, retournát en France
deceda à Parpignan l'an 1285. Il gist à S. Denis en France.   N

Philippe le Bel, quarãtesix-
iesme Roy de France.

Du Roy Philippe le Bel, quatriéſme de ce nom, xlvi Roy de France

PHILIPPE le Bel, fut apres le deces de ſon pere couronné
quarante ſixieſme Roy de France, en lan de ſalut 1386. il eſpou
ſa Iehanne heritiere de Nauarre dont il eut quatre enfãs, ſcauoir eſt
Louis Hutin, Philippe le Long, Charles le Bel(qui furent ſuceſſi
uement Roys de France apres leur pere)& vne fille nommée Iſabel,
mariée à Edouard deuxieſme de ce nom Roy d'Angleterre. Au cõ
mencement de ſon regne il fit ediffier le ſumptueux Palais de Paris.
Son frere Charles de Valois print ſur les Anglois Bordeaux, &
preſque toute la Guyenne, & ce pour cauſe que les Anglois auoient
contre leur ſermét endonmagé la Normãdie, ſurquoy le Roy d'An
gleterre ſen voulant venger ſallia auec l'Empereur à Dolphe,& pra
ticqua Guy Côte de Flandres à delaiſſer le party du Roy: ce qui fut
occaſió de la guerre d'entre les François & Flamés qui dura bien xv.
ans durãt leſquelz iceluy Guy & ſes deux fils, furent faictz priſonniers
Le Roy ayant vaincu les Flamens mit garniſons es villes fortes de
Flandres, ce qui tant les irrita quil ſurprirent & occirét toutes les gar
niſós en leurs litz couchez. Dõt le Roy aduerty fit marcher ſõ armée
à Coulteray qui fut ſi mal cõduite que les Flamés emporterét la victoi
re,& y furét occis les Côtes d'Artois de Neſle,& de Sainct Pol: mais
peu apres le Roy ne perdant courage leur donna la recharge tãt fu
rieuſement pres le mont de Pouille quil y deffit xxxvi mille hõmes,
aumoien de laquelle deffaicte les Flamens furent cõtrainctz demã
der paix, laquelle leur fut accordée, payant au Roy deux cens mille
eſcuz. peu apres le Pape Boniface eſtant indigné contre le Roy le
declara excommunié donnant le Royaume à l'Empereur Albert, qui
pour cela nen fit nulle guerre au Roy, lequel fut depuis abſoubz par
le Pape Benoiſt. Durant le Pape auquel le ſiege fut transferé de Rõme en Auignon & y cõtinua 70. ans. Le Roy Philippe eſtãt à Fontai-
ne-bleau lieu de ſa nayſance deceda lan de ſalut 1313. & le 28 de ſon
regne il giſt à Sainct Denis, en France.

N 2

Louis Hutin, quarātesept-
iesme Roy de Frāce.

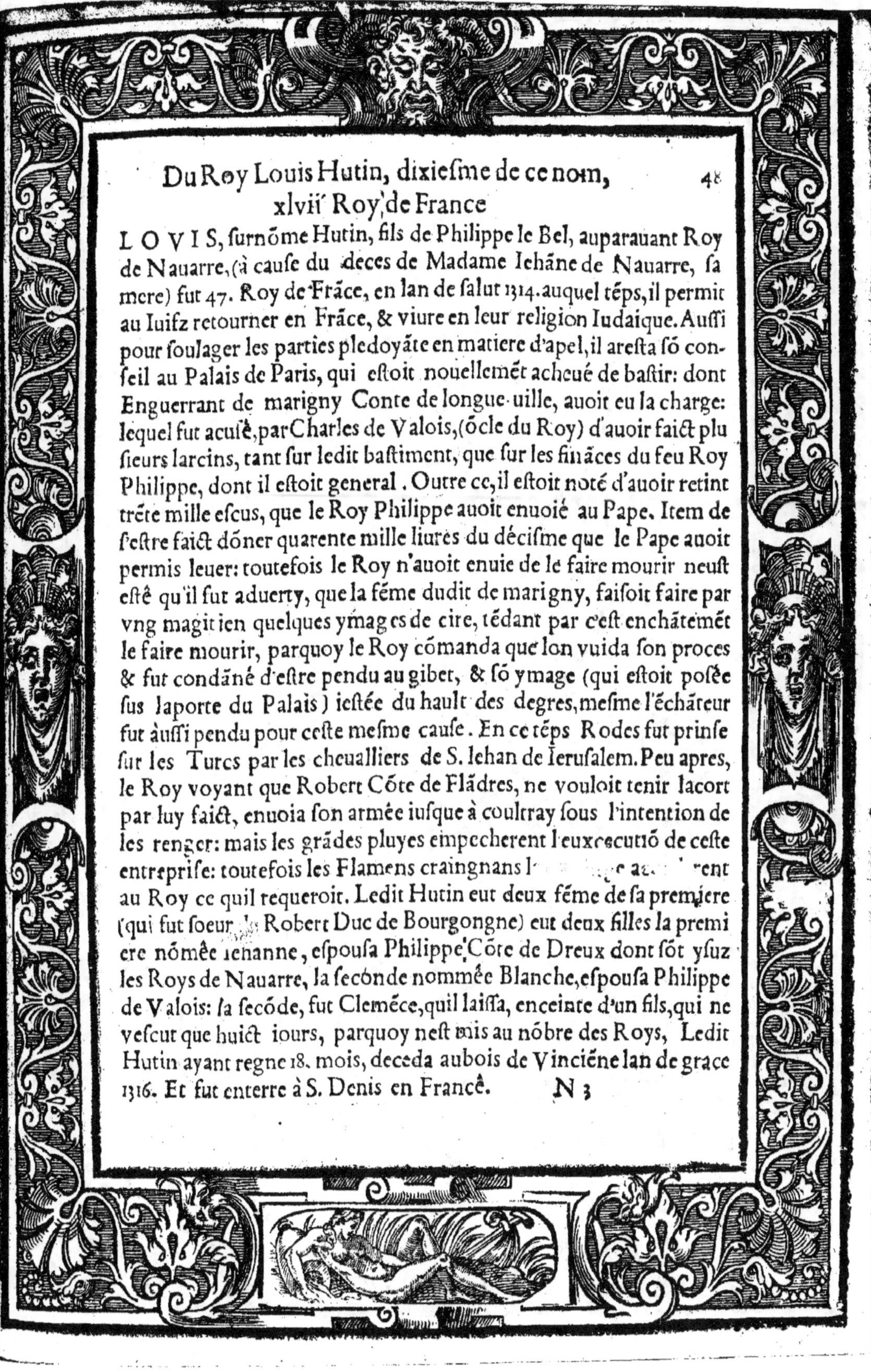

Du Roy Louis Hutin, dixiefme de ce nom, xlvii Roy de France

L O V I S, furnõme Hutin, fils de Philippe le Bel, auparauant Roy de Nauarre, (à caufe du deces de Madame Iehâne de Nauarre, fa mere) fut 47. Roy de Frãce, en lan de falut 1314. auquel téps, il permit au Iuifz retourner en Frãce, & viure en leur religion Iudaique. Auffi pour foulager les parties pledoyãte en matiere d'apel, il arefta fõ confeil au Palais de Paris, qui eftoit nouellemét acheué de baftir: dont Enguerrant de marigny Conte de longue uille, auoit eu la charge: lequel fut acufé, par Charles de Valois, (õcle du Roy) d'auoir faict plufieurs larcins, tant fur ledit baftiment, que fur les finãces du feu Roy Philippe, dont il eftoit general. Outre ce, il eftoit noté d'auoir retint trête mille efcus, que le Roy Philippe auoit enuoié au Pape. Item de f'eftre faict dóner quarente mille liurés du décifme que le Pape auoit permis leuer: toutefois le Roy n'auoit enuie de le faire mourir neuft eftê qu'il fut aduerty, que la féme dudit de marigny, faifoit faire par vng magitien quelques ymages de cire, tédant par c'eft enchâtemét le faire mourir, parquoy le Roy cómanda que lon vuida fon proces & fut condãné d'eftre pendu au gibet, & fó ymage (qui eftoit pofée fus laporte du Palais) ieftée du hault des degres, mefme l'échãteur fut àuffi pendu pour cefte mefme caufe. En ce téps Rodes fut prinfe fur les Turcs par les cheualliers de S. Iehan de Ierufalem. Peu apres, le Roy voyant que Robert Cõte de Flãdres, ne vouloit tenir lacort par luy faict, enuoia fon armée iufque à coultray fous l'intention de les renger: mais les grãdes pluyes empecherent l'euxecutió de cefte entreprife: toutefois les Flamens craingnans l   e ac   rent au Roy ce quil requeroit. Ledit Hutin eut deux féme de fa premiere (qui fut foeur de Robert Duc de Bourgongne) eut deux filles la premiere nómêe Iehanne, efpoufa Philippe Cõte de Dreux dont fõt yfuz les Roys de Nauarre, la fecónde nommée Blanche, efpoufa Philippe de Valois: fa fecóde, fut Cleméce, quil laiffa, enceinte d'un fils, qui ne vefcut que huict iours, parquoy neft mis au nóbre des Roys, Ledit Hutin ayant regne 18. mois, deceda aubois de Vinciéne lan de grace 1316. Et fut enterre à S. Denis en Francê.   N 3

Philippe le Lõg, xlviii
Roy de France.

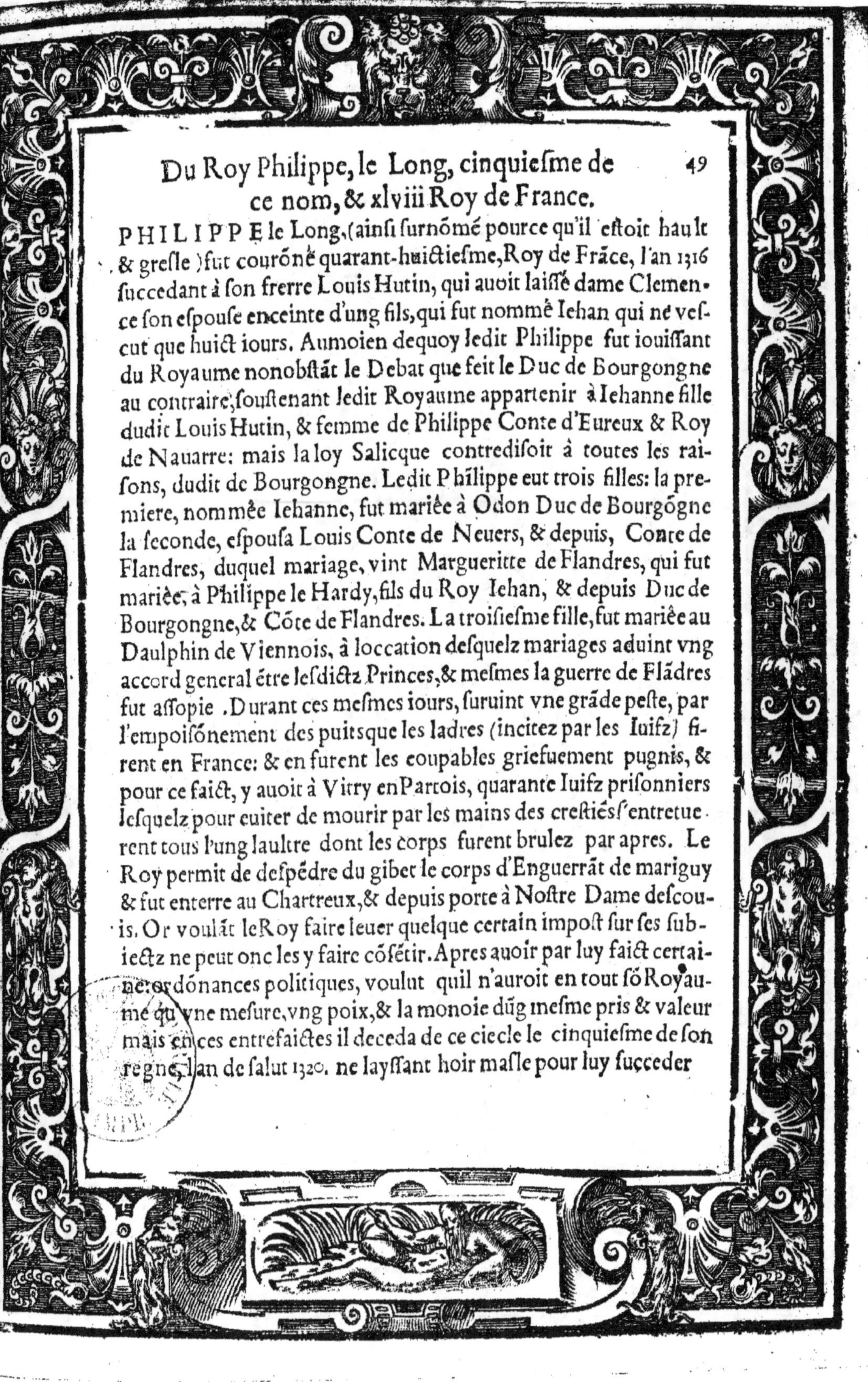

PHILIPPE le Long,(ainfi furnómé pource qu'il eftoit hault
& grefle)fut courónē quarant-huictiefme,Roy de Frãce, l'an 1316
fuccedant à fon frerre Louis Hutin, qui auoit laiffé dame Clemen-
ce fon efpoufe enceinte d'ung fils,qui fut nommē Iehan qui né vefcut que huict iours. Aumoien dequoy ledit Philippe fut iouiffant
du Royaume nonobftãt le Debat que feit le Duc de Bourgongne
au contraire,fouftenant ledit Royaume appartenir à Iehanne fille
dudit Louis Hutin, & femme de Philippe Conte d'Eureux & Roy
de Nauarre: mais la loy Salicque contredifoit à toutes les raifons, dudit de Bourgongne. Ledit Philippe eut trois filles: la premiere, nommēe Iehanne, fut mariêe à Odon Duc de Bourgógne
la feconde, efpoufa Louis Conte de Neuers, & depuis, Conte de
Flandres, duquel mariage,vint Margueritte de Flandres, qui fut
mariée, à Philippe le Hardy,fils du Roy Iehan, & depuis Duc de
Bourgongne,& Côte de Flandres. La troifiefme fille,fut mariêe au
Daulphin de Viennois, à loccation defquelz mariages aduint vng
accord general étre lefdictz Princes,& mefmes la guerre de Flãdres
fut affopie .Durant ces mefmes iours, furuint vne grãde pefte, par
l'empoifónement des puitsque les ladres (incitez par les Iuifz) firent en France: & en furent les coupables griefuement pugnis, &
pour ce faict, y auoit à Vitry enPartois, quarante Iuifz prifonniers
lefquelz pour euiter de mourir par les mains des creftiésf'entretue-
rent tous l'ung laultre dont les corps furent brulez par apres. Le
Roy permit de defpédre du gibet le corps d'Enguerrãt de mariguy
& fut enterre au Chartreux,& depuis porte à Noftre Dame defcou-
is. Or voulãt leRoy faire leuer quelque certain impoft fur fes fub-
ietz ne peut onc les y faire cófétir.Apres auoir par luy faict certaine ordónances politiques, voulut quil n'auroit en tout fó Royau-
mé qu'vne mefure,vng poix,& la monoie dũg mefme pris & valeur
mais en ces entrefaictes il deceda de ce ciecle le cinquiefme de fon
regne,l'an de falut 1320. ne layffant hoir mafle pour luy fucceder

Charles le Bel, xlix
Roy de France.

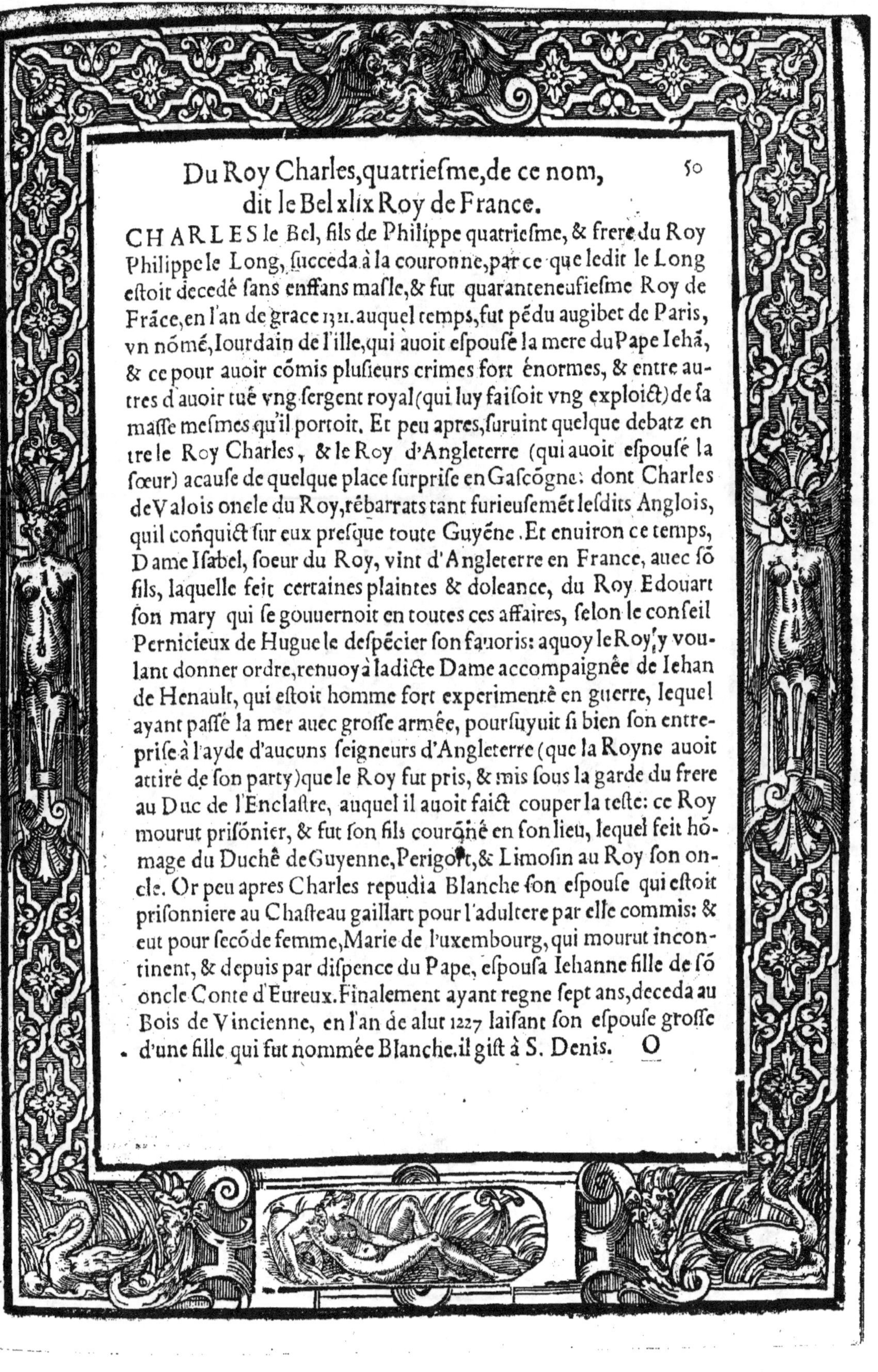

50

Du Roy Charles, quatriesme, de ce nom, dit le Bel xlix Roy de France.

CHARLES le Bel, fils de Philippe quatriesme, & frere du Roy Philippe le Long, succeda à la couronne, par ce que ledit le Long estoit decedé sans enffans masle, & fut quaranteneufiesme Roy de Fráce, en l'an de grace 1321. auquel temps, fut pédu augibet de Paris, vn nómé, Iourdain de l'ille, qui auoit espousé la mere du Pape Iehá, & ce pour auoir cómis plusieurs crimes fort énormes, & entre autres d'auoir tué vng sergent royal (qui luy faisoit vng exploict) de sa masse mesmes qu'il portoit. Et peu apres, suruint quelque debatz entre le Roy Charles, & le Roy d'Angleterre (qui auoit espousé la sœur) acause de quelque place surprise en Gascógne: dont Charles de Valois oncle du Roy, rébarrats tant furieusemét lesdits Anglois, quil coñquict sur eux presque toute Guyéne. Et enuiron ce temps, Dame Isabel, sœur du Roy, vint d'Angleterre en France, auec só fils, laquelle feit certaines plaintes & doleance, du Roy Edouart son mary qui se gouuernoit en toutes ces affaires, selon le conseil Pernicieux de Hugue le despécier son fauoris: aquoy le Roy, y voulant donner ordre, renuoyà ladicte Dame accompaignée de Iehan de Henault, qui estoit homme fort experimentè en guerre, lequel ayant passé la mer auec grosse armée, poursuyuit si bien son entreprise à l'ayde d'aucuns seigneurs d'Angleterre (que la Royne auoit attiré de son party) que le Roy fut pris, & mis sous la garde du frere au Duc de l'Enclastre, auquel il auoit faict couper la teste: ce Roy mourut prisónier, & fut son fils couróñé en son lieu, lequel feit hómage du Duchê de Guyenne, Perigoft, & Limosin au Roy son oncle. Or peu apres Charles repudia Blanche son espouse qui estoit prisonniere au Chasteau gaillart pour l'adultere par elle commis: & eut pour secóde femme, Marie de luxembourg, qui mourut incontinent, & depuis par dispence du Pape, espousa Iehanne fille de só oncle Conte d'Eureux. Finalement ayant regne sept ans, deceda au Bois de Vincienne, en l'an de alut 1227 laisant son espouse grosse d'une fille qui fut nommée Blanche. il gist à S. Denis.　　O

Philippe de Valois, cinquã
tiefme Roy de France·

Du Roy Philippe de Valois, cinquantiefme Roy de France.

PHILIPPE de Valois, coufin germain des trois Roys prece-
dens, decedez fans enfans mafles, fut tellemét fortifié dé la loy fa-
lique qui ne reçoit nulle femme à fucceder â la couronne de Fráce
que quelque droiçt que le Roy Edouard d'Angleterre pretendoit
comme repréfentant le chef de fa mere, fœur defdiçts trois Roys
fut neantmoings du confentemét de tous les eftatz couronnê Roy
des François en l'an 1328. Peu apres ayant liure bataille au Flamés
rebelles à leur Conte fon vaffal eut viçtoire fur eux & les rendit
obeiffans. A fó retour en Fráce accorda aux gens d'Eglife ce quilz
pretendoient fans refpeçter les remonftrances de fon fegretaire
maiftre pierre Cuignere fondees fur ce que le clergé entreprenãt
trop fur la prerogatiue du Roy : lequel en ce mefme temps receut
hómage du Roy Edouard d'Angleterre, acaufe des terres quil tenoit en France . Quelque temps apres, ledit Edouard oubliant fon
ferment, luy feit cruelle guerre par l'aide des Flamens, de rechef
reuoltez contre leur Conte: tellemét quil fintitula Roy de Fráce
mefmemét en pris les armes: dont aduint qu'il defconfit l'armêe
naualle du Roy Philippe pres l'efclufe: mais quelques treues que
euffét peu accorder entre eux, la guerre recómenca fi furieufe que
le Roy Philippe fut vaincu pres Crecy: la ou prefque toute la no-
bleffe de Fráce fut tuée, de la vint que la ville de Calais n'ayant peu
eftre fecourue des Fráçois fut prife par les Anglois: depuis treues
fut accordees entre les deux Royaumes: durant lefquelles le Roy
Philippe acquiçt le pais du Daulphine, à lacharge que le premier
fils de Fráce en feroit feigneur, & fapelleroit Daulphin de Viénois
Ledit Philippe eut deux fémes, fa premiere fut Iehanne de Bourgógne: dót il eut trois enffans, affauoir Iehã qui futRoy apres luy,
Philippe Duc d'Orleãs, & Marie qui efpoufa le Duc de Breban: fa
fecóde féme fut Blanche fille du Roy Louis Hutin qui laiffa groffe
d'une fille à fó trepas: qui aduint en l'an de falut: 1349 de fon regne
le vingtdeuxiefme. Il gift àSaint Denis en France.

O 2

Iehan, premier du nõ
li. Roy de France.

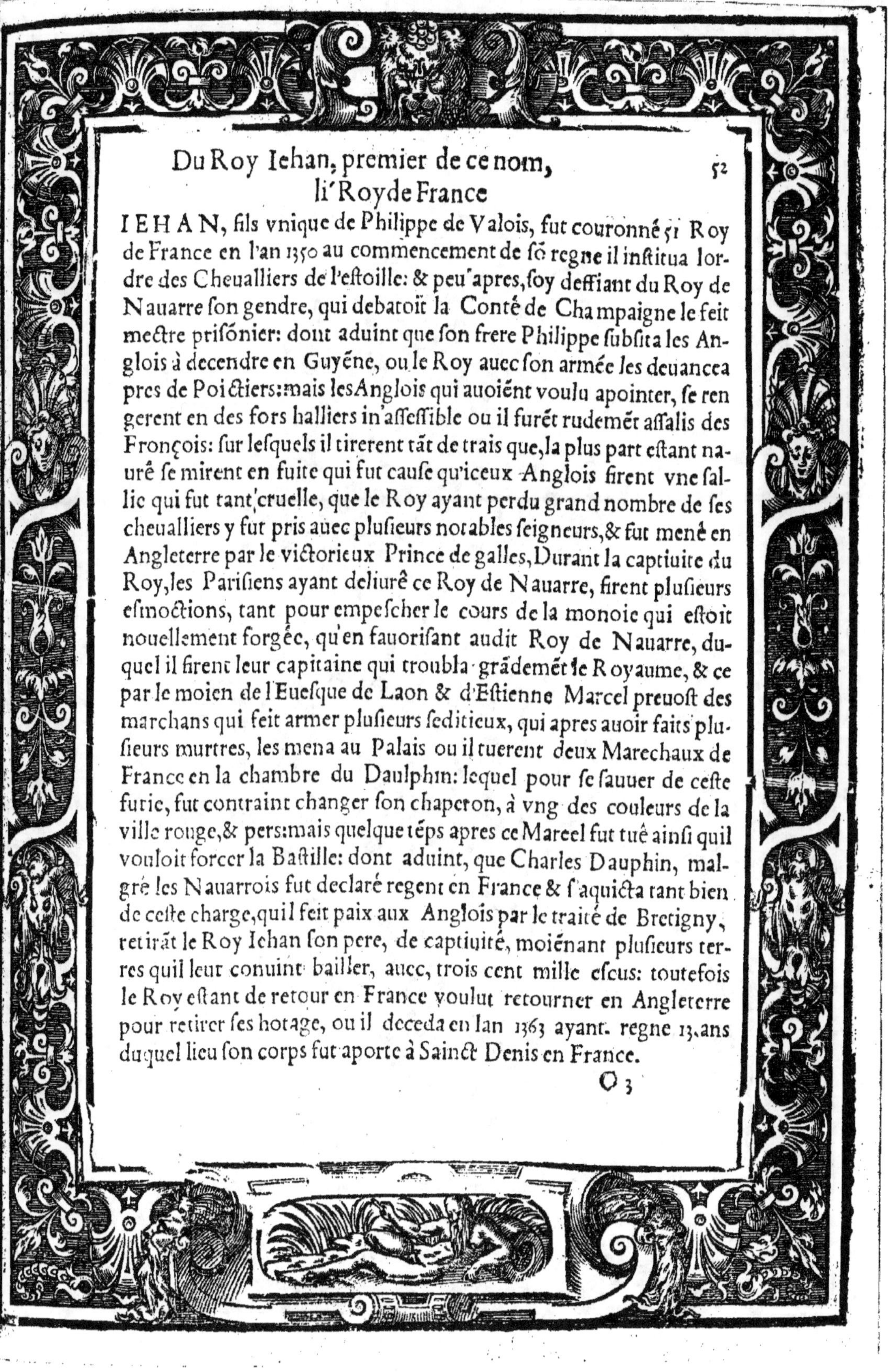

IEHAN, fils vnique de Philippe de Valois, fut couronné 51 Roy
de France en l'an 1350 au commencement de fó regne il inftitua lor-
dre des Cheualliers de l'eftoille: & peu apres, foy deffiant du Roy de
Nauarre fon gendre, qui debatoït la Conté de Champaigne le feit
meêtre prifónier: dont aduint que fon frere Philippe fubfita les Anglois à decendre en Guyéne, ou le Roy auec fon armée les deuancea
pres de Poiêtiers: mais les Anglois qui auoiént voulu apointer, fe ren
gerent en des fors halliers in'affeffible ou il furét rudemét affalis des
Fronçois: fur lefquels il tirent tát de trais que, la plus part eftant nauré fe mirent en fuite qui fut caufe qu'iceux Anglois firent vne fal-
lie qui fut tant'cruelle, que le Roy ayant perdu grand nombre de fes
cheualliers y fut pris auec plufieurs notables feigneurs, & fut mené en
Angleterre par le victorieux Prince de galles, Durant la captiuite du
Roy, les Parifiens ayant deliuré ce Roy de Nauarre, firent plufieurs
efmoêtions, tant pour empefcher le cours de la monoie qui eftoit
nouellement forgée, qu'en fauorifant audit Roy de Nauarre, duquel il firent leur capitaine qui troubla grádemét le Royaume, & ce
par le moien de l'Euefque de Laon & d'Eftienne Marcel preuoft des
marchans qui feit armer plufieurs feditieux, qui apres auoir faits plufieurs murtres, les mena au Palais ou il tuerent deux Marechaux de
France en la chambre du Daulphin: lequel pour fe fauuer de cefte
furie, fut contraint changer fon chaperon, à vng des couleurs de la
ville rouge, & pers: mais quelque téps apres ce Marcel fut tué ainfi quil
vouloit forcer la Baftille: dont aduint, que Charles Dauphin, mal-
gré les Nauarrois fut declaré regent en France & f'aquiêta tant bien
de cefte charge, quil feit paix aux Anglois par le traité de Bretigny,
retirát le Roy Iehan fon pere, de captiuité, moiénant plufieurs terres quil leur conuint bailler, auec, trois cent mille efcus: toutefois
le Roy eftant de retour en France voulut retourner en Angleterre
pour retirer fes hotage, ou il deceda en lan 1363 ayant regne 13. ans
duquel lieu fon corps fut aporte à Sainêt Denis en France.

O 3

Charles le quint, cinquã
te deux' Roy de Frãce.

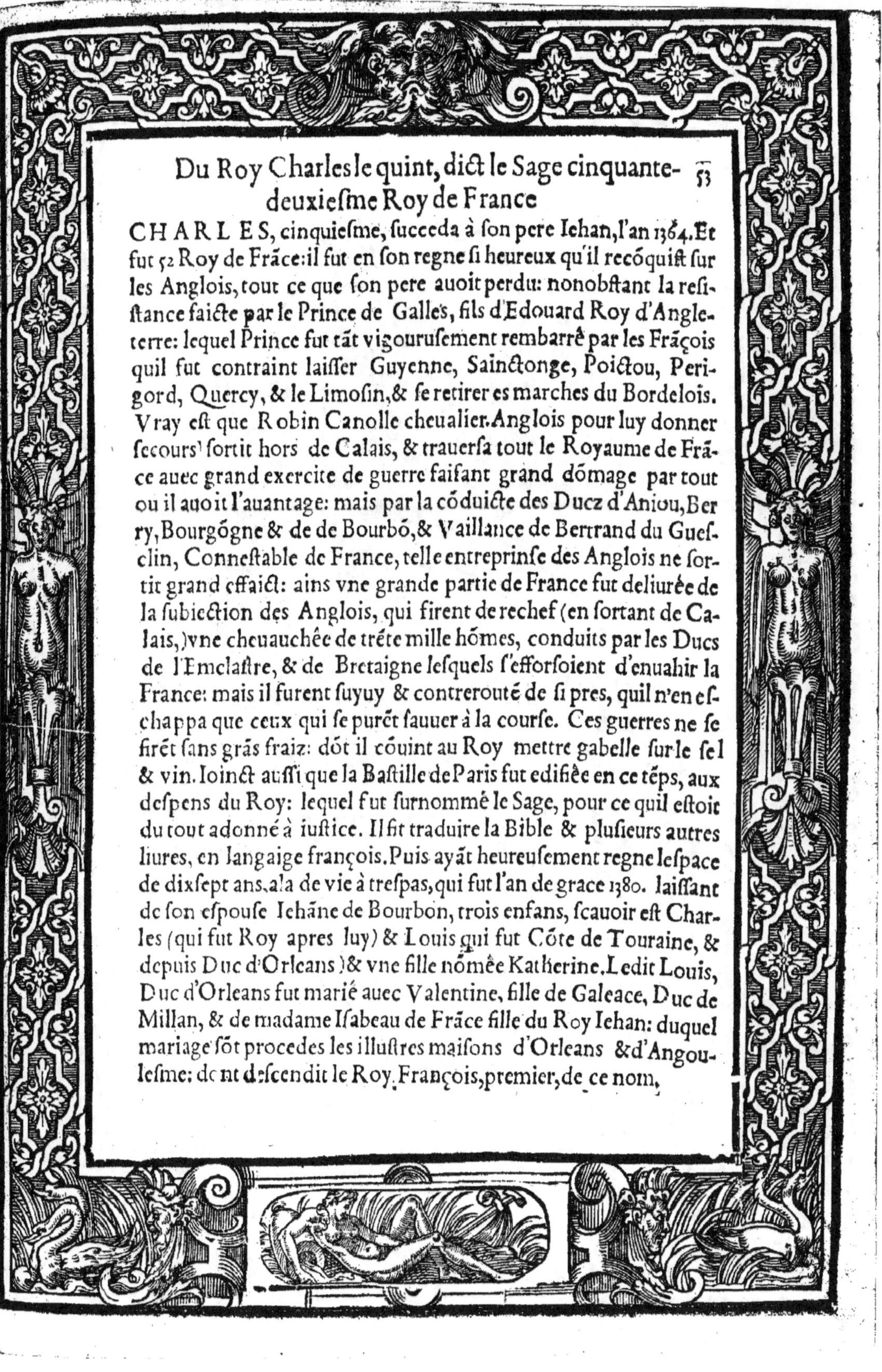

CHARLES, cinquiesme, succeda à son pere Iehan, l'an 1364. Et
fut 52 Roy de Fráce: il fut en son regne si heureux qu'il recóquist sur
les Anglois, tout ce que son pere auoit perdu: nonobstant la resi-
stance faicte par le Prince de Galles, fils d'Edouard Roy d'Angleterre: lequel Prince fut tát vigourusement rembarré par les Fráçois
quil fut contraint laisser Guyenne, Sainctonge, Poictou, Peri-
gord, Quercy, & le Limosin, & se retirer es marches du Bordelois.
Vray est que Robin Canolle cheualier. Anglois pour luy donner
secours sortit hors de Calais, & trauersa tout le Royaume de Fráce auec grand exercite de guerre faisant gránd dómage par tout
ou il auoit l'auantage: mais par la códuicte des Ducz d'Aniou, Berry, Bourgógne & de de Bourbó, & Vaillance de Bertrand du Gues-
clin, Connestable de France, telle entreprinse des Anglois ne sortit grand effaict: ains vne grande partie de France fut deliurée de
la subiection des Anglois, qui firent de rechef (en sortant de Calais,) vne cheuauchée de tréte mille hómes, conduits par les Ducs
de l'Emclastre, & de Bretaigne lesquels s'efforsoient d'enuahir la
France: mais il furent suyuy & contrerouté de si pres, quil n'en es-
chappa que ceux qui se purét sauuer à la course. Ces guerres ne se
firét sans grás fraiz: dót il cóuint au Roy mettre gabelle sur le sel
& vin. Ioinct aussi que la Bastille de Paris fut edifiée en ce téps, aux
despens du Roy: lequel fut surnommé le Sage, pour ce quil estoit
du tout adonné à iustice. Il fit traduire la Bible & plusieurs autres
liures, en langaige françois. Puis ayát heureusement regne lespace
de dixsept ans, ala de vie à trespas, qui fut l'an de grace 1380. laissant
de son espouse Ieháne de Bourbon, trois enfans, scauoir est Charles (qui fut Roy apres luy) & Louis qui fut Cóte de Touraine, &
depuis Duc d'Orleans) & vne fille nómée Katherine. Ledit Louis,
Duc d'Orleans fut marié auec Valentine, fille de Galeace, Duc de
Millan, & de madame Isabeau de Fráce fille du Roy Iehan: duquel
mariage sót procedes les illustres maisons d'Orleans & d'Angoulesme: dont descendit le Roy. François, premier, de ce nom.

Charles, sixiesme du
nom liii. Roy de Frāce

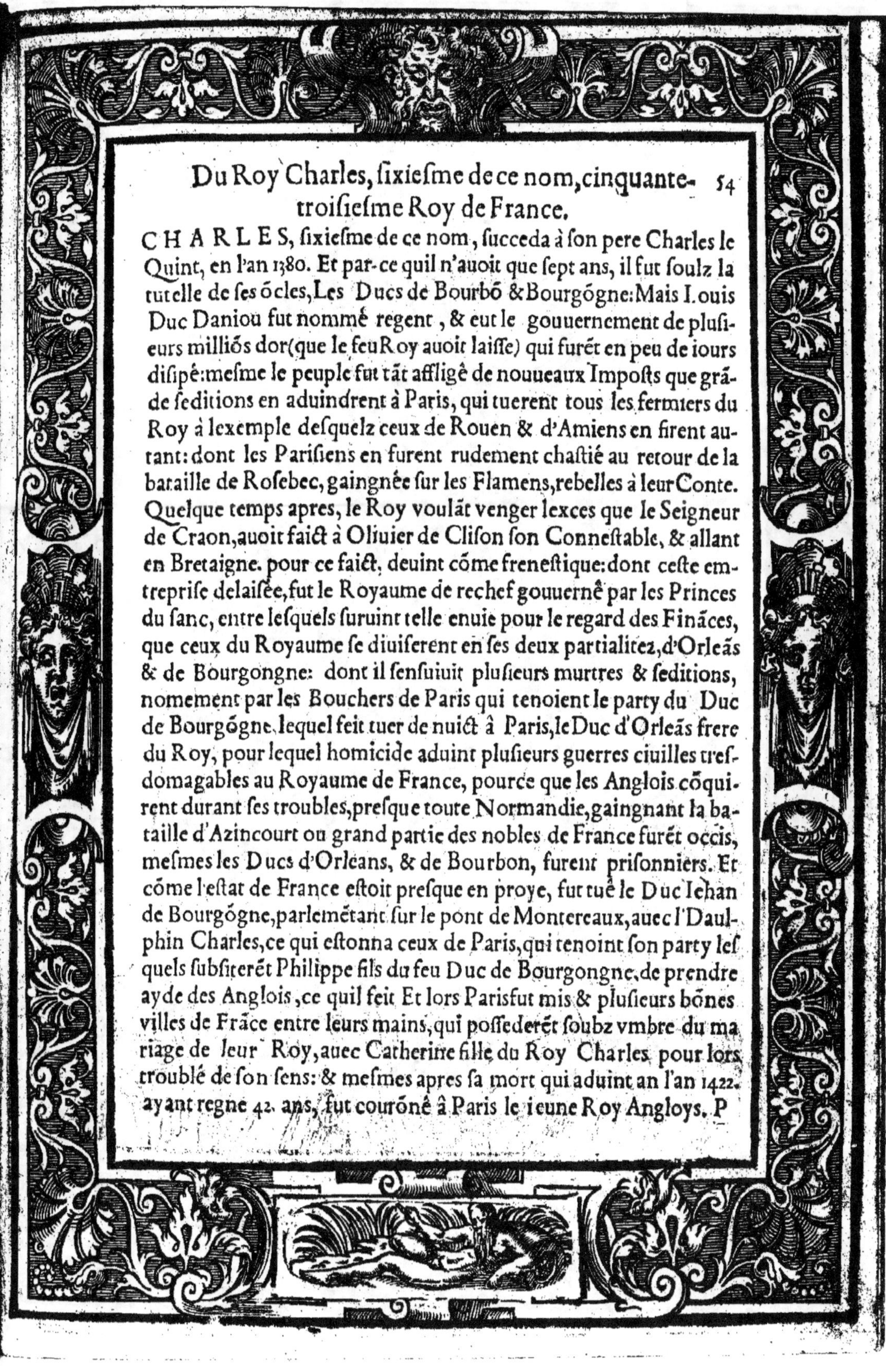

CHARLES, sixiesme de ce nom, succeda à son pere Charles le
Quint, en l'an 1380. Et par-ce quil n'auoit que sept ans, il fut soulz la
tutelle de ses ocles, Les Ducs de Bourbõ & Bourgógne:Mais Louis
Duc Danioü fut nommé regent, & eut le gouuernement de plusieurs milliõs dor(que le feu Roy auoit laisse) qui furét en peu de iours
disipé:mesme le peuple fut tãt affligé de nouueaux Imposts que grãde seditions en aduindrent à Paris, qui tuerent tous les fermiers du
Roy à lexemple desquelz ceux de Rouen & d'Amiens en firent au-
tant:dont les Parisiens en furent rudement chastié au retour de la
bataille de Rosebec, gaingnée sur les Flamens,rebelles à leur Conte.
Quelque temps apres, le Roy voulãt venger lexces que le Seigneur
de Craon,auoit faiĉt à Oliuier de Clison son Connestable, & allant
en Bretaigne. pour ce faiĉt, deuint cõme frenestique:dont ceste em-
treprise delaissée,fut le Royaume de rechef gouuerné par les Princes
du sanc, entre lesquels suruint telle enuie pour le regard des Finãces,
que ceux du Royaume se diuiserent en ses deux partialitez,d'Orleãs
& de Bourgongne: dont il sensuiuit plusieurs murtres & seditions,
nomement par les Bouchers de Paris qui tenoient le party du Duc
de Bourgógne.lequel feit tuer de nuiĉt à Paris,le Duc d'Orleãs frere
du Roy, pour lequel homicide aduint plusieurs guerres ciuilles tres-
domagables au Royaume de France, pource que les Anglois cõqui-
rent durant ses troubles,presque toute Normandie,gaingnant la bataille d'Azincourt ou grand partie des nobles de France furét occis,
mesmes les Ducs d'Orleans, & de Bourbon, furent prisonniers. Et
cõme l'estat de France estoit presque en proye, fut tué le Duc Iehan
de Bourgógne,parlemétant sur le pont de Montereaux,auec l'Daulphin Charles,ce qui estonna ceux de Paris,qui tenoint son party les
quels subsiterét Philippe fils du feu Duc de Bourgongne,de prendre
ayde des Anglois,ce quil feit Et lors Paris fut mis & plusieurs bõnes
villes de Frãce entre leurs mains,qui possederét soubz vmbre du ma
riage de leur Roy,auec Catherine fille du Roy Charles. pour lors
troublé de son sens: & mesmes apres sa mort qui aduint an l'an 1422.
ayant regne 42. ans, fut courõné à Paris le ieune Roy Angloys. P

Charles, septiesme de
ce nom, liiii. Roy de F.

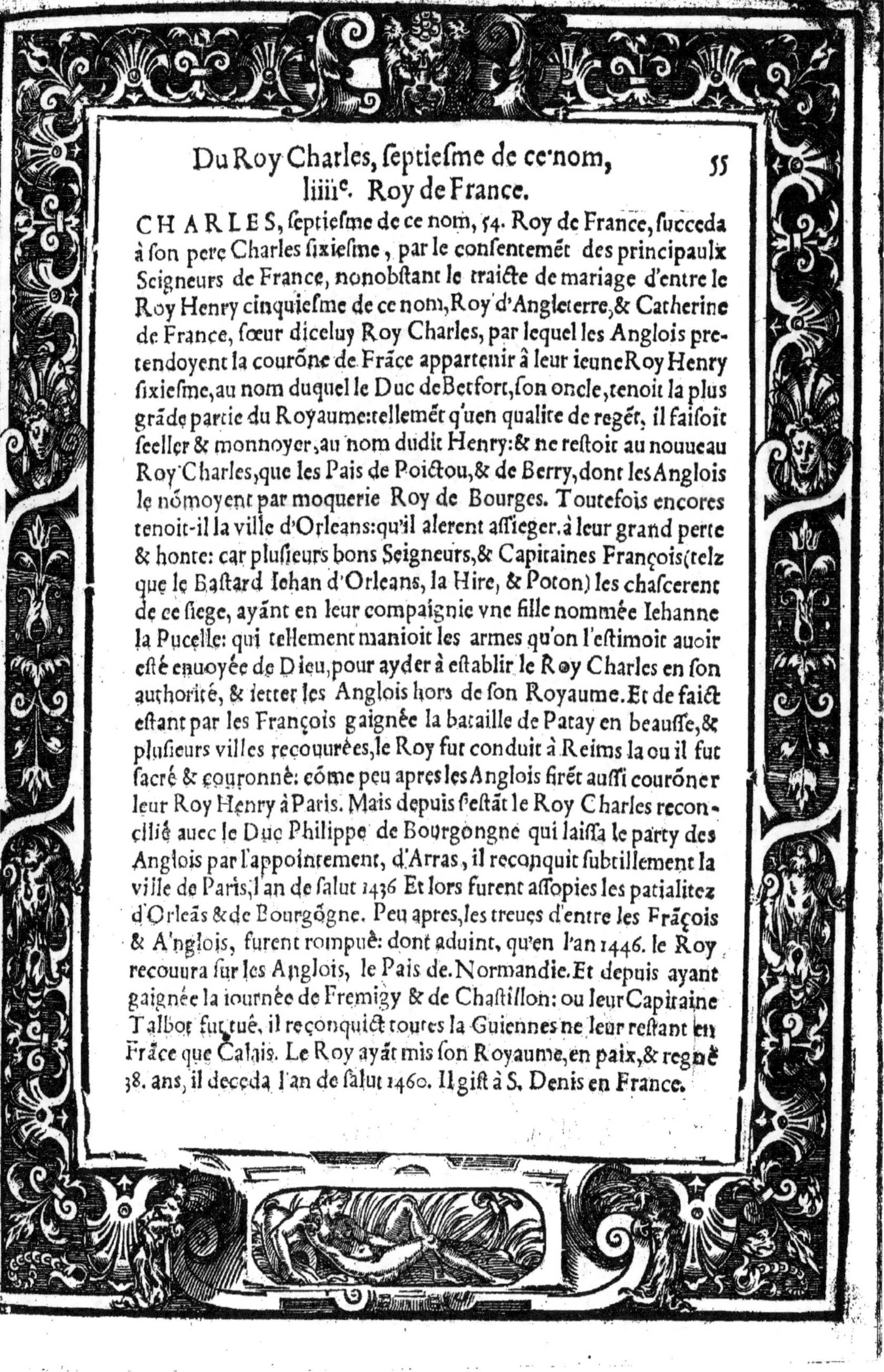

CHARLES, septiesme de ce nom, 54. Roy de France, succeda
à son pere Charles sixiesme, par le consentemét des principaulx
Seigneurs de France, nonobstant le traicte de mariage d'entre le
Roy Henry cinquiesme de ce nom, Roy d'Angleterre, & Catherine
de France, sœur diceluy Roy Charles, par lequel les Anglois pre-
tendoyent la couróne de Fráce appartenir â leur ieune Roy Henry
sixiesme, au nom duquel le Duc de Betfort, son oncle, tenoit la plus
grãde partie du Royaume: tellemét q'en qualite de regét, il faisoit
seeller & monnoyer, au nom dudit Henry: & ne restoit au nouueau
Roy Charles, que les Pais de Poictou, & de Berry, dont les Anglois
le nómoyent par moquerie Roy de Bourges. Toutefois encores
tenoit-il la ville d'Orleans: qu'il alerent assieger, à leur grand perte
& honte: car plusieurs bons Seigneurs, & Capitaines François (telz
que le Bastard Iehan d'Orleans, la Hire, & Poton) les chascerent
de ce siege, ayánt en leur compaignie vne fille nommée Iehanne
la Pucelle: qui tellement manioit les armes qu'on l'estimoit auoir
esté enuoyée de Dieu, pour ayder à establir le Roy Charles en son
authorité, & ietter les Anglois hors de son Royaume. Et de faict
estant par les François gaignée la bataille de Patay en beausse, &
plusieurs villes recouurées, le Roy fut conduit à Reims la ou il fut
sacré & couronnè: cóme peu apres les Anglois firét aussi couróner
leur Roy Henry à Paris. Mais depuis s'estãt le Roy Charles recon-
cilié auec le Duc Philippe de Bourgóngne qui laissa le party des
Anglois par l'appointement, d'Arras, il reconquit subtillement la
ville de Paris, l'an de salut 1436 Et lors furent assopies les patialitez
d'Orleás & de Bourgógne. Peu apres, les treues d'entre les Frãçois
& A'nglois, furent rompuè: dont aduint, qu'en l'an 1446. le Roy
recouura sur les Anglois, le Pais de Normandie. Et depuis ayant
gaignée la iournée de Fremigy & de Chastillon: ou leur Capitaine
Talbot fut tué, il reconquiét toutes la Guiennes ne leur restant en
Fráce que Calais. Le Roy ayãt mis son Royaume, en paix, & regnè
38. ans, il deceda l'an de salut 1460. Il gist à S. Denis en France.

Louis, onziesme de ce
nom, IV. Roy de Frãce.

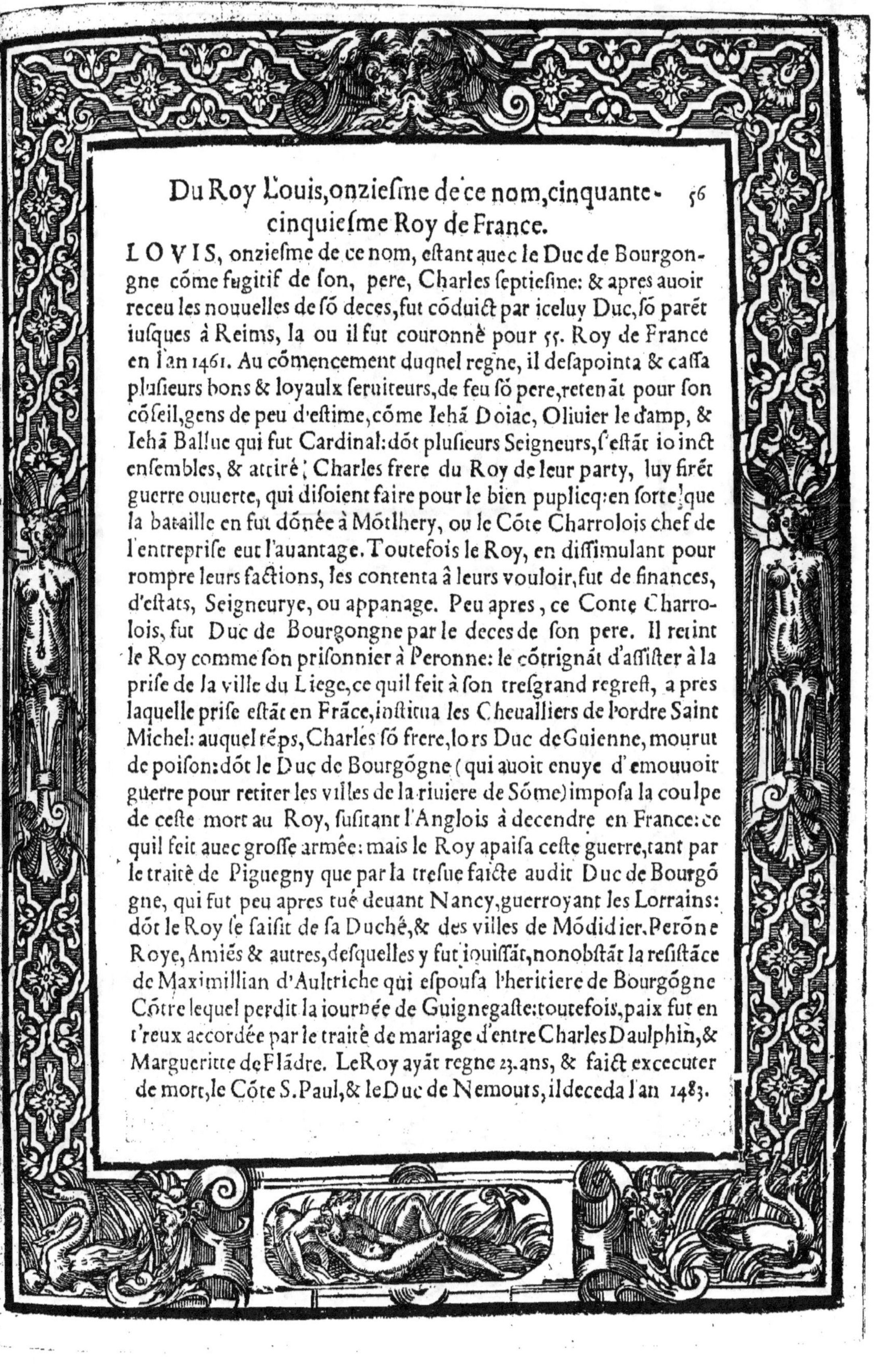

LOVIS, onziefme de ce nom, eftant auec le Duc de Bourgongne cóme fugitif de fon, pere, Charles feptiefme: & apres auoir
receu les nouuelles de fó deces, fut códuict par iceluy Duc, fó parét
iufques à Reims, la ou il fut couronnè pour 55. Roy de France
en l'an 1461. Au cómencement duquel regne, il defapointa & caffa
plufieurs bons & loyaulx feruiteurs, de feu fó pere, retenát pour fon
cófeil, gens de peu d'eftime, cóme Iehã Doiac, Oliuier le damp, &
Iehã Ballue qui fut Cardinal: dót plufieurs Seigneurs, f'eftãt ioinct
enfembles, & attiré Charles frere du Roy de leur party, luy firét
guerre ouuerte, qui difoient faire pour le bien puplicq: en forte que
la bataille en fut dónée à Mótlhery, ou le Cóte Charrolois chef de
l'entreprife eut l'auantage. Toutefois le Roy, en diffimulant pour
rompre leurs factions, les contenta à leurs vouloir, fut de finances,
d'eftats, Seigneurye, ou appanage. Peu apres, ce Conte Charrolois, fut Duc de Bourgongne par le deces de fon pere. Il retint
le Roy comme fon prifonnier à Peronne: le cótrignát d'affifter à la
prife de la ville du Liege, ce quil feit à fon trefgrand regreft, a pres
laquelle prife eftãt en Fráce, inftitua les Cheualliers de l'ordre Saint
Michel: auquel téps, Charles fó frere, lors Duc de Guienne, mourut
de poifon: dót le Duc de Bourgógne (qui auoit enuye d'emouuoir
guerre pour retirer les villes de la riuiere de Sóme) impofa la coulpe
de cefte mort au Roy, fufitant l'Anglois à decendre en France: ce
quil feit auec groffe armée: mais le Roy apaifa cefte guerre, tant par
le traitè de Piguegny que par la trefue faicte audit Duc de Bourgó
gne, qui fut peu apres tué deuant Nancy, guerroyant les Lorrains:
dót le Roy fe faifit de fa Duché, & des villes de Módidier, Peróne
Roye, Amiés & autres, defquelles y fut iouiffát, nonobftát la refiftáce
de Maximillian d'Aultriche qui efpoufa l'heritiere de Bourgógne
Cótre lequel perdit la iournée de Guignegafte: toutefois, paix fut en
t'reux accordée par le traitè de mariage d'entre Charles Daulphin, &
Margueritte de Flãdre. Le Roy ayãt regne 23. ans, & faict excecuter
de mort, le Cóte S. Paul, & le Duc de Nemours, il deceda l'an 1483.

Charles, huictiefme de ce
nom, IVi Roy de France.

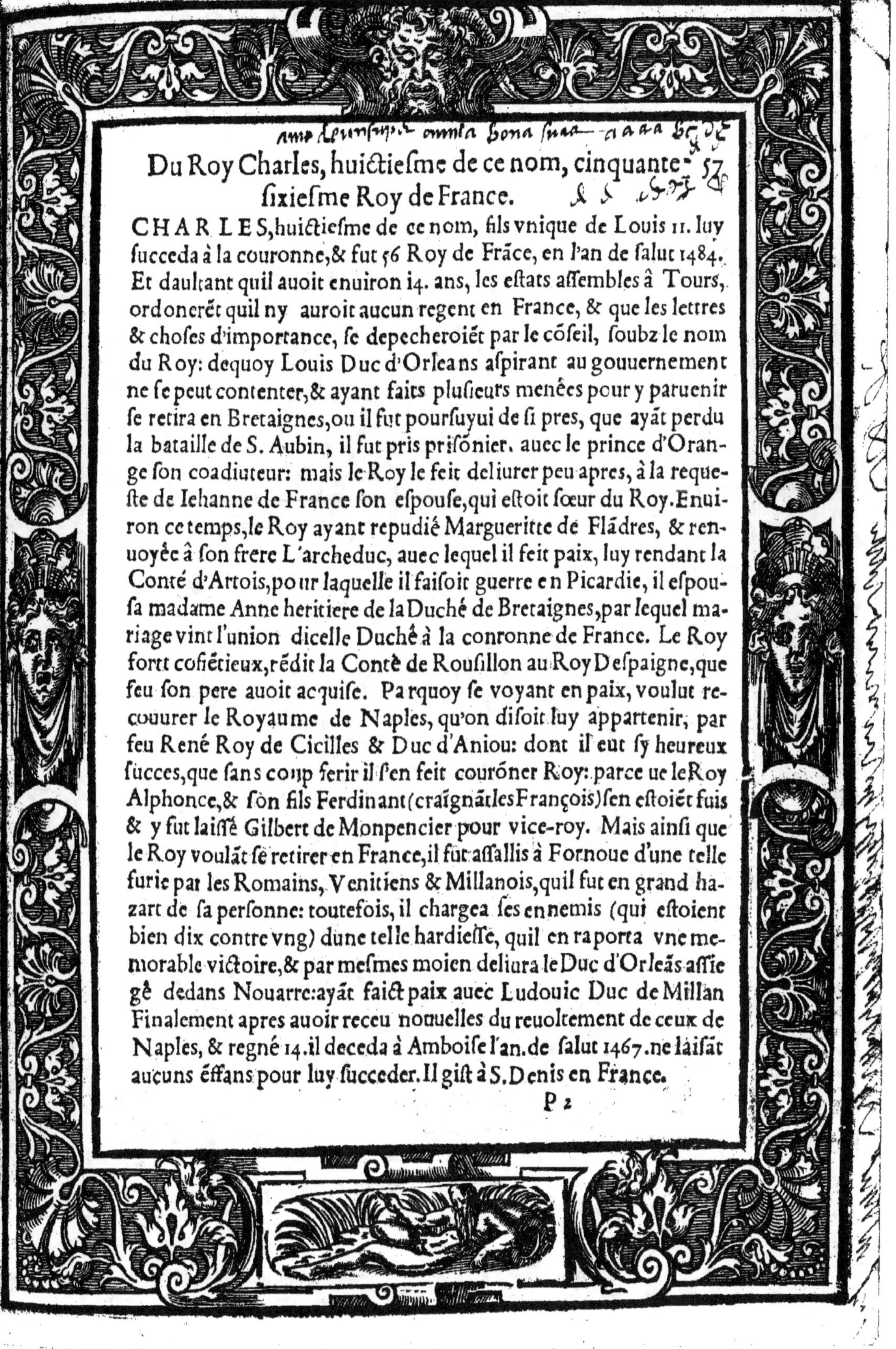

Du Roy Charles, huictiesme de ce nom, cinquante-sixiesme Roy de France.

CHARLES, huictiesme de ce nom, fils vnique de Louis 11. luy succeda à la couronne,& fut 56 Roy de Frãce, en l'an de salut 1484. Et daultãt quil auoit enuiron 14. ans, les estats assembles â Tours, ordonerẽt quil ny auroit aucun regent en France, & que les lettres & choses d'importance, se depecheroiẽt par le cõseil, soubz le nom du Roy: dequoy Louis Duc d'Orleans aspirant au gouuernement ne se peut contenter,& ayant faits plusieurs menées pour y paruenir se retira en Bretaignes,ou il fut poursuyui de si pres, que ayãt perdu la bataille de S. Aubin, il fut pris prisõnier. auec le prince d'Orange son coadiuteur: mais le Roy le feit deliurer peu apres, à la reque-ste de Iehanne de France son espouse,qui estoit sœur du Roy. Enuiron ce temps,le Roy ayant repudié Margueritte de Flãdres, & renuoyée â son frere L'archeduc, auec lequel il feit paix, luy rendant la Conté d'Artois,pour laquelle il faisoit guerre en Picardie, il espousa madame Anne heritiere de la Duché de Bretaignes,par lequel mariage vint l'union dicelle Duché à la conronne de France. Le Roy fortt cõsiétieux,rẽdit la Contẽ de Roussillon au Roy Despaigne,que feu son pere auoit acquise. Parquoy se voyant en paix,voulut recouurer le Royaume de Naples, qu'on disoit luy appartenir, par feu René Roy de Cicilles & Duc d'Aniou: dont il eut sy heureux succes,que sans coup ferir il s'en feit couróner Roy: parce ue le Roy Alphonce,& son fils Ferdinant(craignãtles François)sen estoiẽt fuis & y fut laissé Gilbert de Monpencier pour vice-roy. Mais ainsi que le Roy voulãt se retirer en France,il fut assallis à Fornoue d'une telle furie par les Romains, Venitiens & Millanois,quil fut en grand hazart de sa personne: toutefois, il chargea ses ennemis (qui estoient bien dix contre vng) dune telle hardiesse, quil en raporta vne memorable victoire,& par mesmes moien deliura le Duc d'Orleãs assiegẽ dedans Nouarre:ayãt faict paix auec Ludouic Duc de Millan Finalement apres auoir receu nouuelles du reuoltement de ceux de Naples, & regné 14.il deceda à Amboise l'an.de salut 1467.ne lãisãt aucuns ẽffans pour luy succeder.Il gist à S.Denis en France.

P 2

Louis, douziesme de
ce nom, lvii. Roy de F

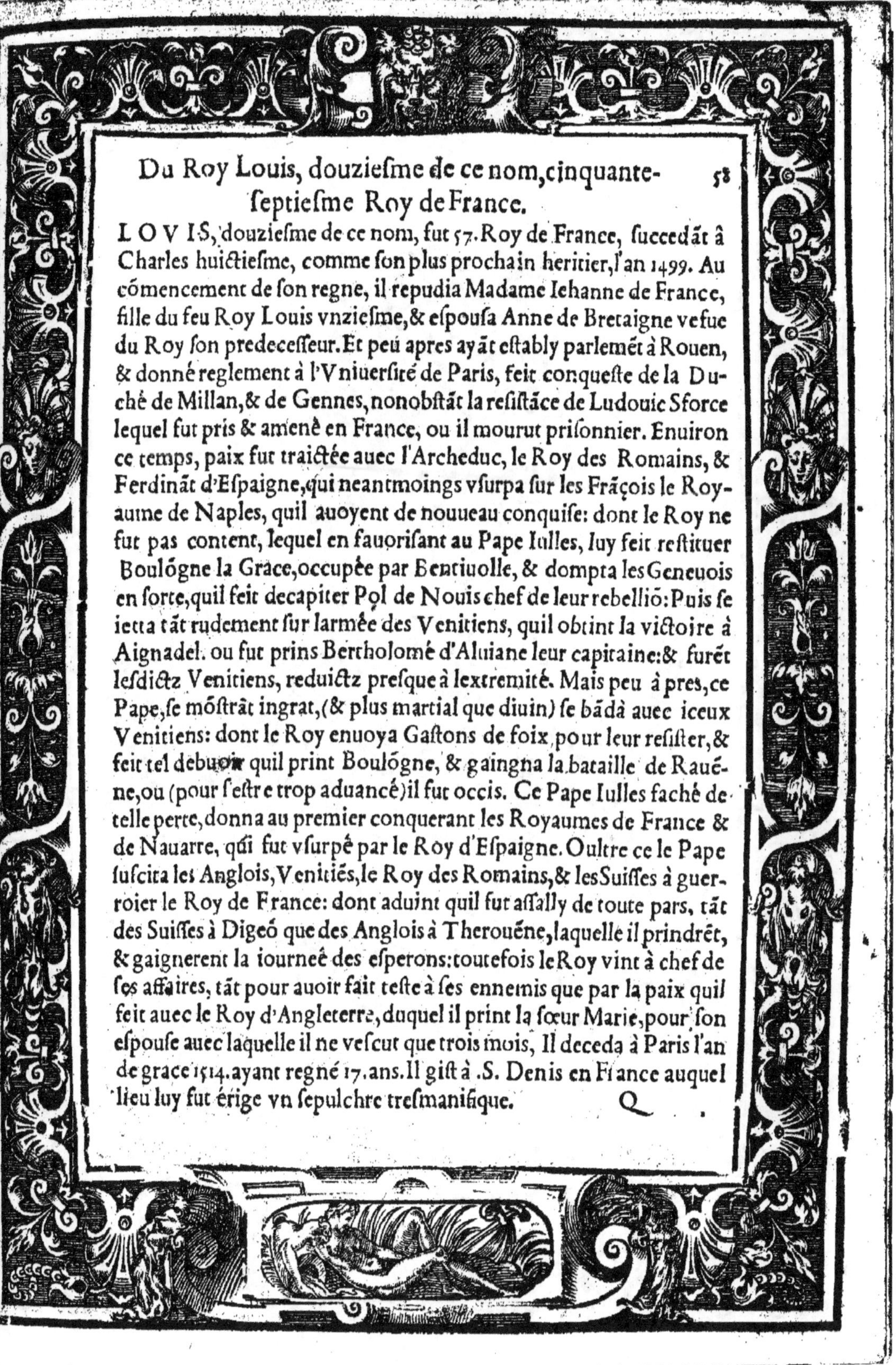

LOVIS, douziesme de ce nom, fut 57. Roy de France, succedãt à
Charles huictiesme, comme son plus prochain heritier, l'an 1499. Au
cõmencement de son regne, il repudia Madame Iehanne de France,
fille du feu Roy Louis vnziesme, & espousa Anne de Bretaigne vefue
du Roy son predecesseur. Et peu apres ayãt estably parlemét à Rouen,
& donné reglement à l'Vniuersité de Paris, feit conqueste de la Duché de Millan, & de Gennes, nonobstãt la resistãce de Ludouic Sforce
lequel fut pris & amenè en France, ou il mourut prisonnier. Enuiron
ce temps, paix fut traictée auec l'Archeduc, le Roy des Romains, &
Ferdinãt d'Espaigne, qui neantmoings vsurpa sur les Frãçois le Royaume de Naples, quil auoyent de nouueau conquise: dont le Roy ne
fut pas content, lequel en fauorisant au Pape Iulles, luy feit restituer
Boulógne la Grace, occupée par Bentiuolle, & dompta les Geneuois
en sorte, quil feit decapiter Pol de Nouis chef de leur rebelliõ: Puis se
ietta tãt rudement sur larmée des Venitiens, quil obtint la victoire à
Aignadel. ou fut prins Bertholomé d'Aluiane leur capitaine: & furét
lesdictz Venitiens, reduictz presque à lextremité. Mais peu à pres, ce
Pape, se mõstrãt ingrat, (& plus martial que diuin) se bãdã auec iceux
Venitiens: dont le Roy enuoya Gastons de foix, pour leur resister, &
feit tel debuoir quil print Boulógne, & gaingna la bataille de Rauéne, ou (pour sestre trop aduancé) il fut occis. Ce Pape Iulles faché de
telle perte, donna au premier conquerant les Royaumes de France &
de Nauarre, qui fut vsurpé par le Roy d'Espaigne. Oultre ce le Pape
suscita les Anglois, Venitiés, le Roy des Romains, & les Suisses à guerroier le Roy de France: dont aduint quil fut assally de toute pars, tãt
des Suisses à Digeó que des Anglois à Therouéne, laquelle il prindrét,
& gaignerent la iournée des esperons: toutefois le Roy vint à chef de
ses affaires, tãt pour auoir fait teste à ses ennemis que par la paix quil
feit auec le Roy d'Angleterre, duquel il print la sœur Marie, pour son
espouse auec laquelle il ne vescut que trois mois, Il deceda à Paris l'an
de grace 1514. ayant regné 17. ans. Il gist à .S. Denis en France auquel
lieu luy fut érige vn sepulchre tresmanifique.   Q

Francois, premier de ce
nom, lviii. Roy de Fráce

FRANCOIS,premier de ce nom, comme plus proche parent
du feu Roy Louis douziefme, luy fucceda à la couronne de Fráce,
en l'an de grace 1515. Auquel regne, il fe maintint fi grauemét,qu'il
fut en admiration à toute l'Europe, pour les gracés,& vertus,dót il
eftoit trefaccóply. Il fut tát affectióne aux lettres qu'il erigea à Paris
eftudes des trois langues, qui nous font apꝛefét fort familieres:par
mefme, moyen il reftaura les ars liberaux,prefque abatardis à faulte d'eftre pratiquez:dont il acquit,le nom,de Pere & reftaurateur des
fciences. Auffi fut-il à bon droit renóme d'eftre le paragon en Lart
millitaire:ce quil móftra par le coup d'effay,quil en feit en la deffaicte des Suiffes, cóquefte de Millan, prife de Fótarabye,& aux rem-
barrement faicte aux forces Imperiales,adioincte des Anglois, qui
endomaigoiét fon Royaume,tant du cofté de Meffiere,qu'en la frô-
tiere de Picardie.Vray eft,qu'en cótinuát la guerre pour recouurer
Millá(occupée de Frácefque Sforce,)fut par les Imperiaux tát rudemét affallis,(en fon camps deuát Pauye,)qu'il fut prins,& menez en
Efpaigne,l'an 1524. Et lors fut le peuple Fráçois,fort affligé,tant par
ce deffaftre, que pour la famine qui furuint, à caufe des bled gelez
en terre:auffi fut l'Ille de Rodes prinfe par le Turc Soliman. Final-
lemét apres le traicté de Madril pour le retour du Roy en Fráce,fut
faicte la paix à Cambray laquelle dura iufques en l'an 1535. au quel
temps,le Roy fe fayfit de la Sauoye & du Piedmót. Depuis ayant re-
pouffé l'Empereur de Prouuence, trêues furent entr'eux accordée
pour dix ans: dont aduint qu'iceluy Empereur, paffa en grand re-
ception au trauers de la France,allant en fes Pais bas:ou eftát venu
à chef de fes deffeins,fut la guerre recómencée, qui fut auffy apres
plufieurs allarmes apointée, lan 1544.& fur le point que les Anglois
auoyét pris Boulógne fur la mer:cótre laquelle le Roy feit foudain
dreffer quelque forts, pour tafcher à la recouurer: mais il deceda à
Remboulliet,l'an de falut 1546 ayát regne 32. ans laiffát de Madame
Claude fa premiere efpoufe,trois enffans à fauoir Héry,qui fut Roy
apres luy Charles Duc d'Orleans,& Margueritte de France.   Qii

Henry, ii. de ce nom, lix.
Roy de France.

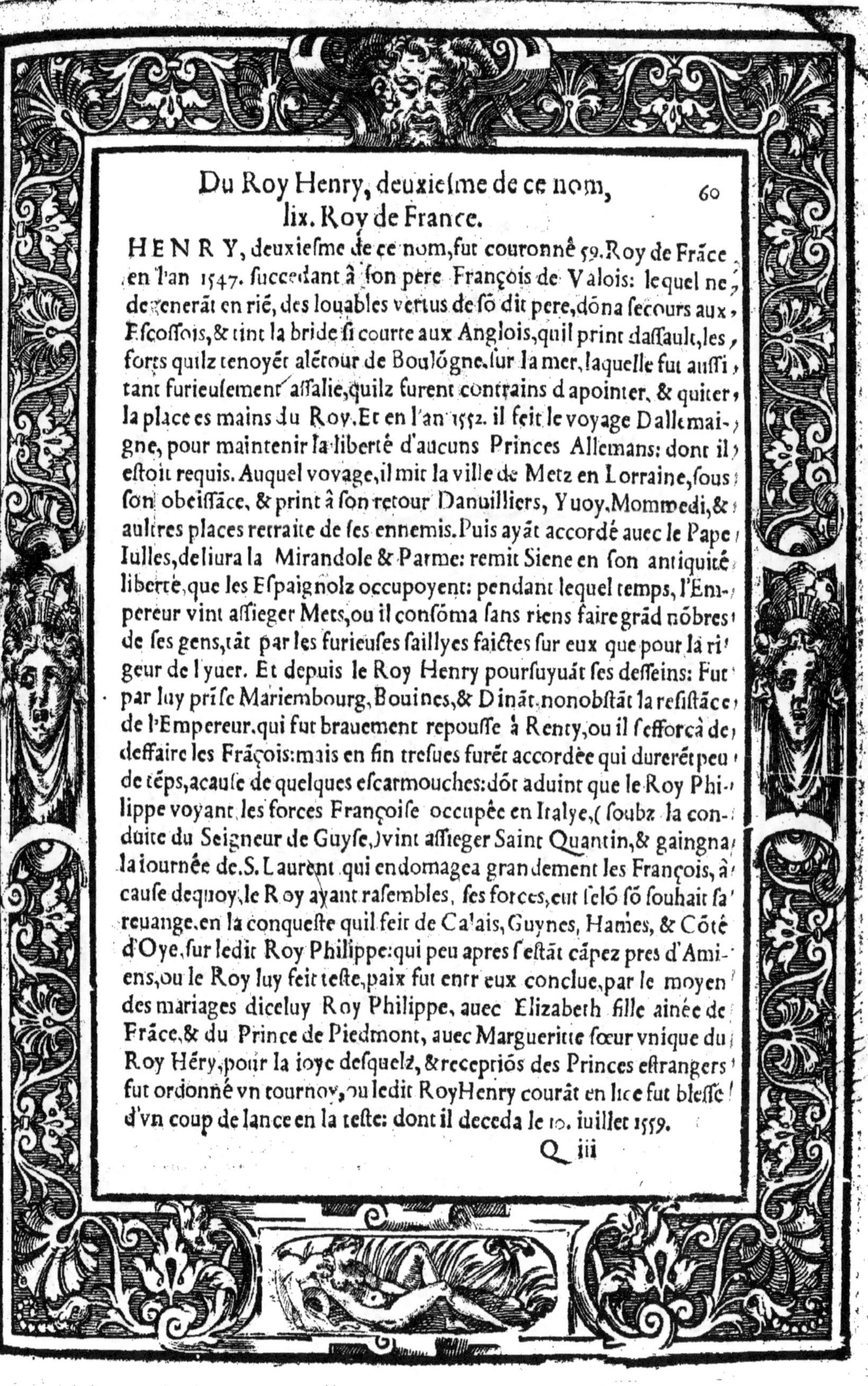

HENRY, deuxiesme de ce nom, fut couronnê 59. Roy de Fráce
en l'an 1547. succedant à son pere François de Valois: lequel ne
degenerât en rié, des louables vertus de só dit pere, dóna secours aux
Escossois, & tint la bride si courte aux Anglois, quil print dassault, les
forts quilz tenoyét alétour de Boulógne, sur la mer, laquelle fut aussi
tant furieusement assalie, quilz furent contrains d apointer, & quiter
la place es mains du Roy. Et en l'an 1552. il feit le voyage Dallemai-
gne, pour maintenir la liberté d'aucuns Princes Allemans: dont il
estoit requis. Auquel voyage, il mit la ville de Metz en Lorraine, sous
son obeissáce, & print à son retour Danuilliers, Yuoy, Mommedi, &
aultres places retraite de ses ennemis. Puis ayát accordé auec le Pape
Iulles, deliura la Mirandole & Parme: remit Siene en son antiquité
liberté, que les Espaignolz occupoyent: pendant lequel temps, l'Empereur vint assieger Mets, ou il consóma sans riens faire grád nóbres
de ses gens, tát par les furieuses saillyes faictes sur eux que pour la ri-
geur de l'yuer. Et depuis le Roy Henry poursuyuát ses desseins: Fut
par luy prise Mariembourg, Bouines, & Dinát, nonobstát la resistáce
de l'Empereur, qui fut brauement repousse à Renty, ou il sefforçà de
deffaire les Fráçois: mais en fin tresues furét accordée qui durerét peu
de téps, acause de quelques escarmouches: dót aduint que le Roy Philippe voyant les forces Françoise occupée en Italye, (soubz la con-
duite du Seigneur de Guyse,) vint assieger Saint Quantin, & gaingna
la iournée de S. Laurent qui endomagea grandement les François, à
cause dequoy, le Roy ayant rasembles, ses forces, eut seló só souhait sa
reuange, en la conqueste quil feit de Calais, Guynes, Hamies, & Côté
d'Oye, sur ledit Roy Philippe: qui peu apres s'estát cápez pres d'Amiens, ou le Roy luy feit teste, paix fut enr eux conclue, par le moyen
des mariages diceluy Roy Philippe, auec Elizabeth fille ainée de
Fráce, & du Prince de Piedmont, auec Margueritte sœur vnique du
Roy Héry, pour la ioye desquelz, & recepriós des Princes estrangers
fut ordonné vn tournoy, ou ledit Roy Henry courât en lice fut blessé
d'vn coup de lance en la teste: dont il deceda le 10. iuillet 1559.

Q iij

Francois secõd de ce
nõ, lx. Roy de France

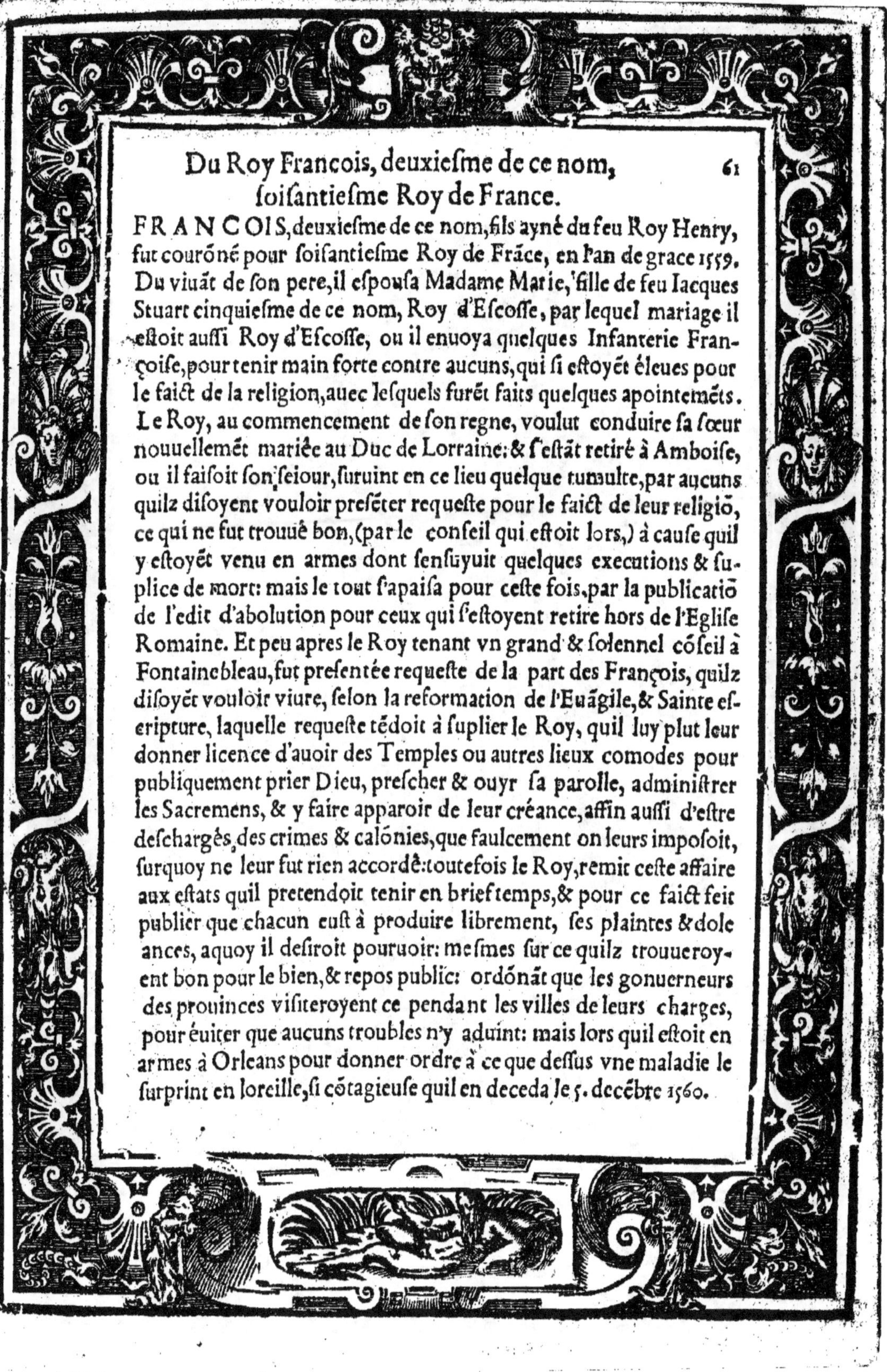

FRANCOIS, deuxiefme de ce nom, fils ayné du feu Roy Henry,
fut couróné pour foifantiefme Roy de Fráce, en l'an de grace 1559.
Du viuát de fon pere, il efpoufa Madame Marie, fille de feu Iacques
Stuart cinquiefme de ce nom, Roy d'Efcoffe, par lequel mariage il
eftoit auffi Roy d'Efcoffe, ou il enuoya quelques Infanterie Fran-
çoife, pour tenir main forte contre aucuns, qui fi eftoyét éleues pour
le faict de la religion, auec lefquels furét faits quelques apointeméts.
Le Roy, au commencement de fon regne, voulut conduire fa fœur
nouuellemét mariée au Duc de Lorraine: & f'eftát retiré à Amboife,
ou il faifoit fon feiour, furuint en ce lieu quelque tumulte, par aucuns
quilz difoyent vouloir preféter requefte pour le faict de leur religiō,
ce qui ne fut trouuē bon, (par le confeil qui eftoit lors,) à caufe quil
y eftoyét venu en armes dont fenfuyuit quelques executions & fu-
plice de mort: mais le tout f'apaifa pour cefte fois, par la publicatiō
de l'edit d'abolution pour ceux qui f'eftoyent retire hors de l'Eglife
Romaine. Et peu apres le Roy tenant vn grand & folennel cófeil à
Fontainebleau, fut prefentée requefte de la part des François, quilz
difoyét vouloir viure, felon la reformation de l'Euágile, & Sainte ef-
cripture, laquelle requefte tédoit à fuplier le Roy, quil luy plut leur
donner licence d'auoir des Temples ou autres lieux comodes pour
publiquement prier Dieu, prefcher & ouyr fa parolle, adminiftrer
les Sacremens, & y faire apparoir de leur créance, affin auffi d'eftre
defchargés des crimes & calónies, que faulcement on leurs impofoit,
furquoy ne leur fut rien accordé: toutefois le Roy, remit cefte affaire
aux eftats quil pretendoit tenir en brief temps, & pour ce faict feit
publier que chacun euft à produire librement, fes plaintes & dole
ances, aquoy il defiroit pouruoir: mefmes fur ce quilz trouueroy-
ent bon pour le bien, & repos public: ordónát que les gonuerneurs
des prouinces vifiteroyent ce pendant les villes de leurs charges,
pour éuiter que aucuns troubles n'y aduint: mais lors quil eftoit en
armes à Orleans pour donner ordre à ce que deffus vne maladie le
furprint en l'oreille, fi cótagieufe quil en deceda le 5. decébre 1560.

Charles, neuſhelme de
ce nō apreſent regnant

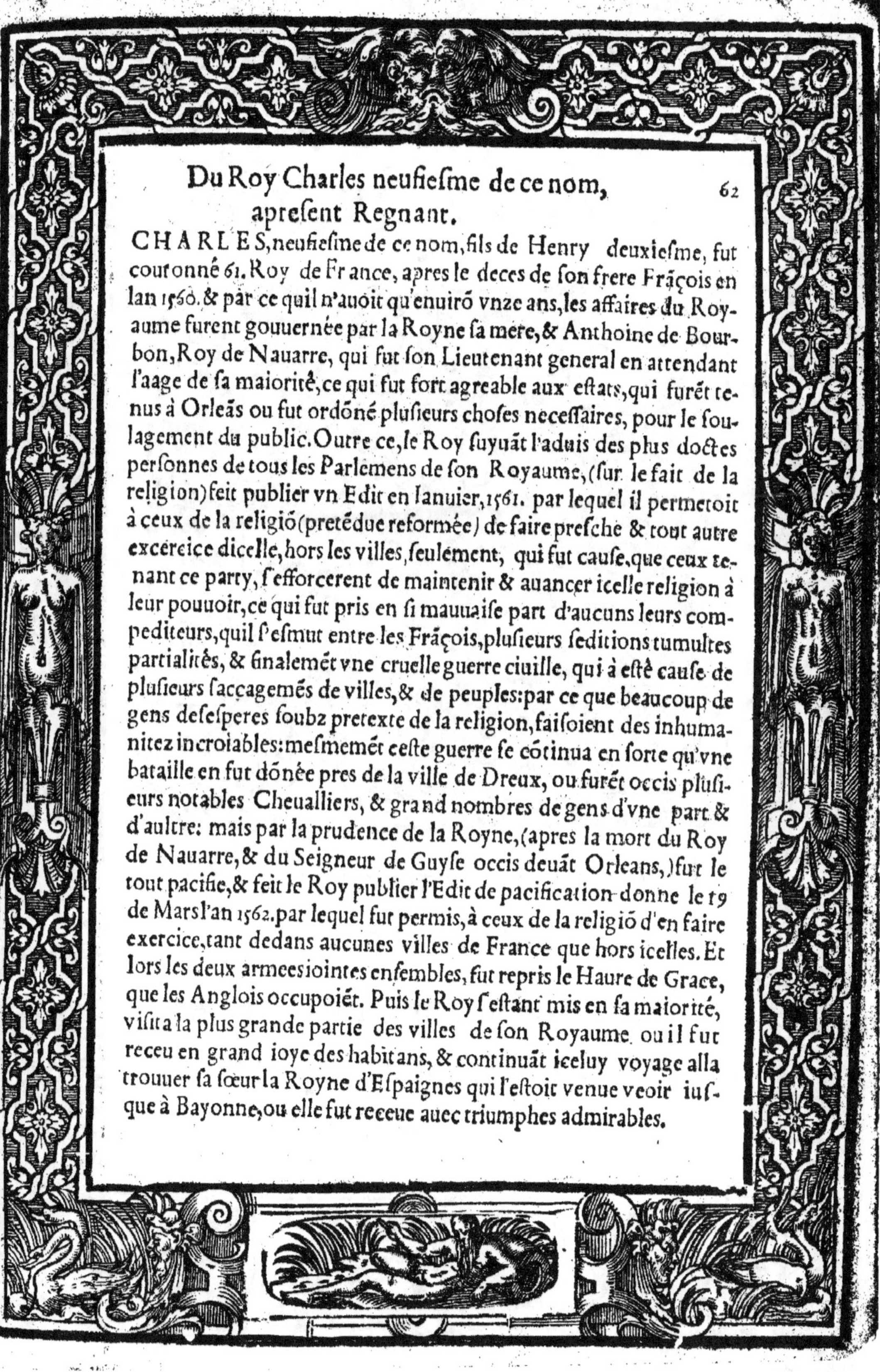

CHARLES, neufiesme de ce nom, fils de Henry deuxiesme, fut
couronné 61. Roy de France, apres le deces de son frere Frãçois en
lan 1560. & par ce quil n'auoit qu'enuirõ vnze ans, les affaires du Royaume furent gouuernée par la Royne sa mere, & Anthoine de Bourbon, Roy de Nauarre, qui fut son Lieutenant general en attendant
l'aage de sa maiorité, ce qui fut fort agreable aux estats, qui furét te-
nus à Orleãs ou fut ordóné plusieurs choses necessaires, pour le sou-
lagement du public. Outre ce, le Roy suyuãt l'aduis des plus doctes
personnes de tous les Parlemens de son Royaume, (sur le fait de la
religion) feit publier vn Edit en Ianuier, 1561. par lequel il permetoit
à ceux de la religiõ (pretédue reformée) de faire presche & tout autre
excercice dicelle, hors les villes, seulément, qui fut cause, que ceux tenant ce party, s'efforcerent de maintenir & auancer icelle religion à
leur pouuoir, ce qui fut pris en si mauuaise part d'aucuns leurs com-
pediteurs, quil s'esmut entre les Frãçois, plusieurs seditions tumultes
partialitez, & finalemét vne cruelle guerre ciuille, qui à esté cause de
plusieurs saccagemés de villes, & de peuples: par ce que beaucoup de
gens desesperes soubz pretexte de la religion, faisoient des inhuma-
nitez incroiables: mesmemét ceste guerre se cótinua en sorte qu'vne
bataille en fut dónée pres de la ville de Dreux, ou furét occis plusieurs notables Cheualliers, & grand nombres de gens d'vne part &
d'aultre: mais par la prudence de la Royne, (apres la mort du Roy
de Nauarre, & du Seigneur de Guyse occis deuãt Orleans,) fut le
tout pacifie, & feit le Roy publier l'Edit de pacification donne le 19
de Mars l'an 1562. par lequel fut permis, à ceux de la religiõ d'en faire
exercice, tant dedans aucunes villes de France que hors icelles. Et
lors les deux armees iointes ensembles, fut repris le Haure de Grace,
que les Anglois occupoiét. Puis le Roy s'estant mis en sa maiorité,
visita la plus grande partie des villes de son Royaume, ou il fut
receu en grand ioye des habitans, & continuãt iceluy voyage alla
trouuer sa sœur la Royne d'Espaignes qui l'estoit venue veoir iusque à Bayonne, ou elle fut receue auec triumphes admirables.

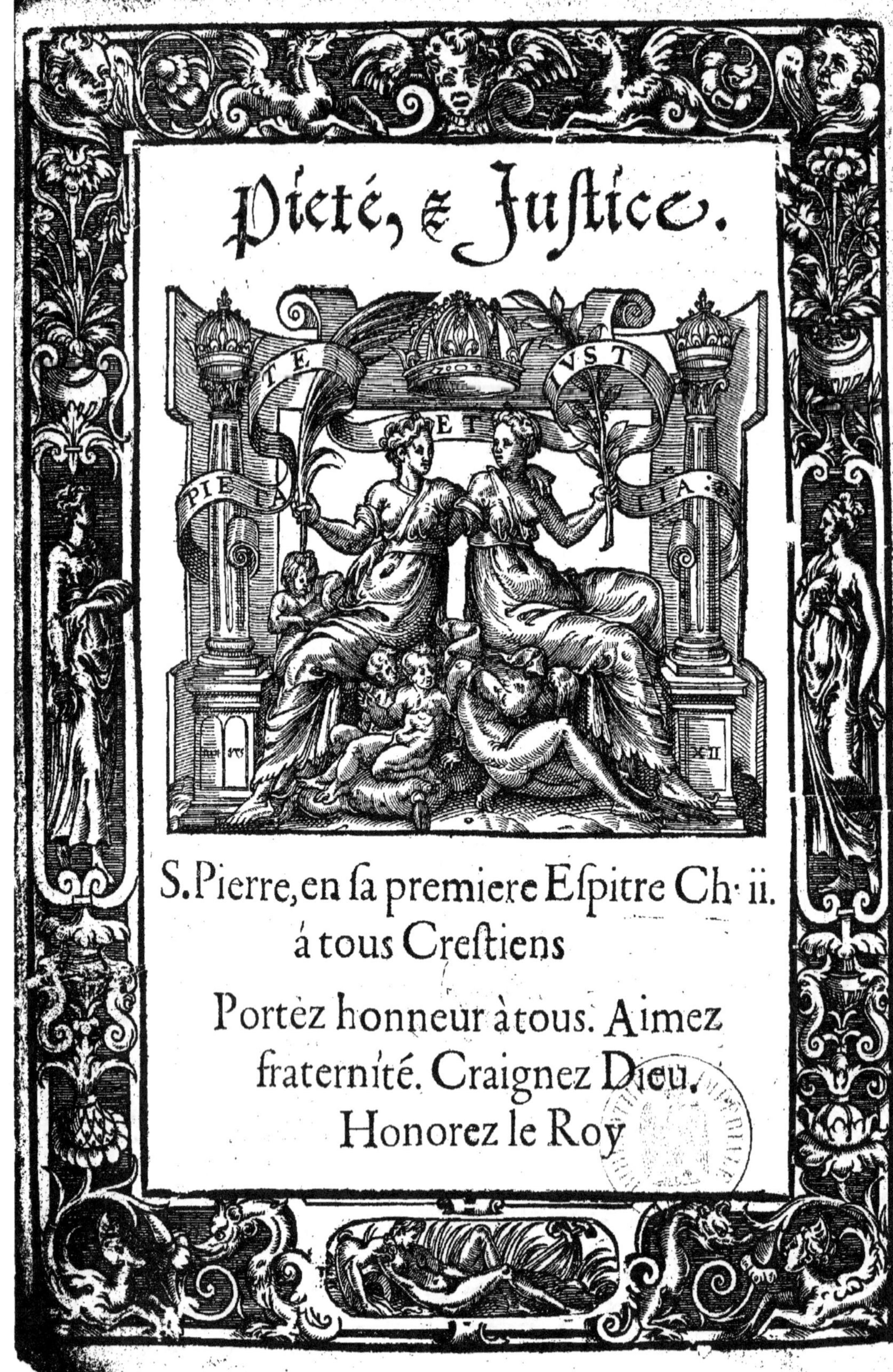

S. Pierre, en sa premiere Espitre Ch· ii.
à tous Crestiens

Portez honneur à tous. Aimez
fraternité. Craignez Dieu.
Honorez le Roy

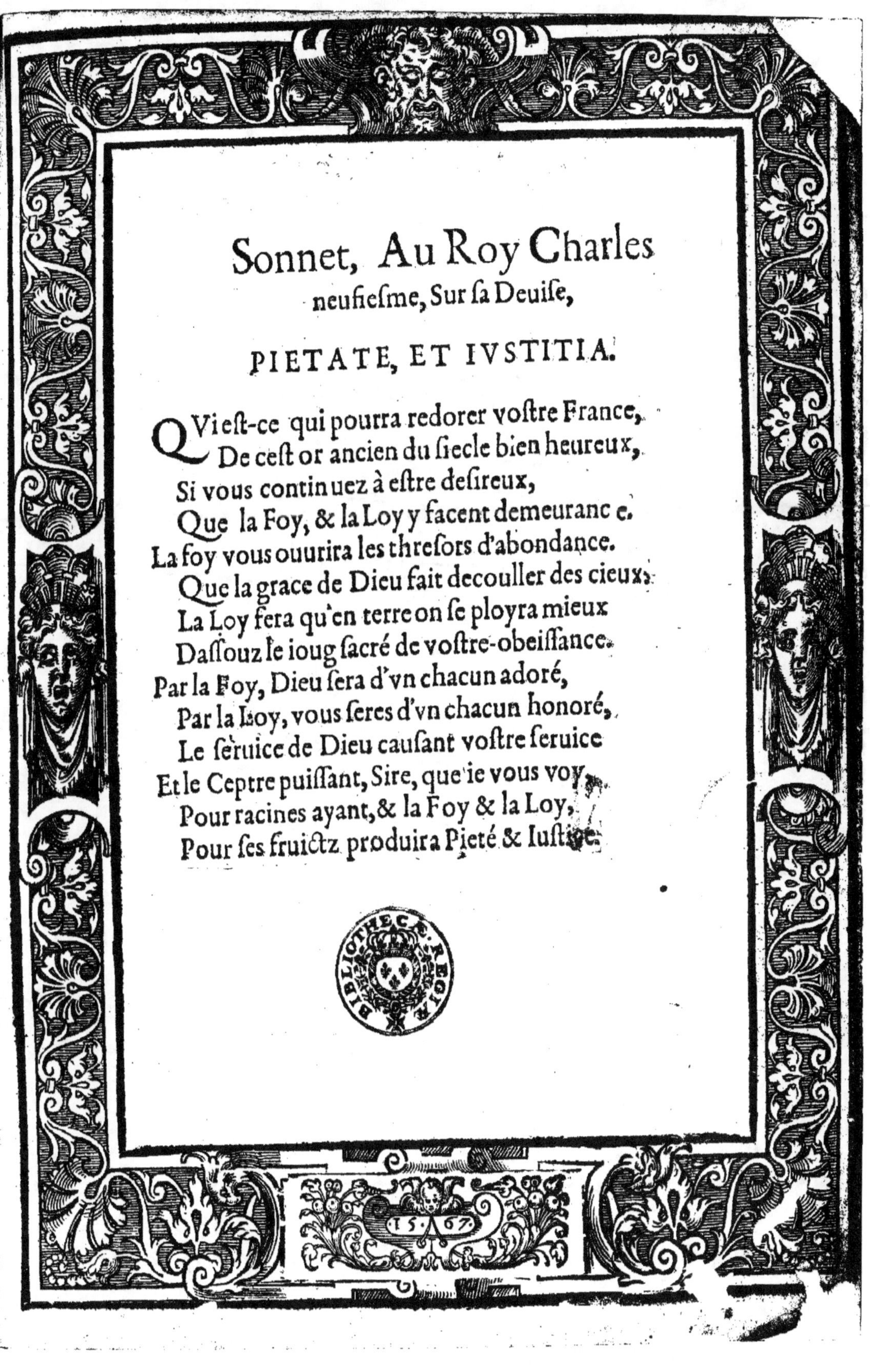

Sonnet, Au Roy Charles

neufiesme, Sur sa Deuise,

PIETATE, ET IVSTITIA.

QVi est-ce qui pourra redorer vostre France,
  De cest or ancien du siecle bien heureux,
Si vous continuez à estre desireux,
  Que la Foy, & la Loy y facent demeurance.
La foy vous ouurira les thresors d'abondance.
  Que la grace de Dieu fait decouller des cieux,
La Loy fera qu'en terre on se ployra mieux
  Dassouz le ioug sacré de vostre-obeissance.
Par la Foy, Dieu sera d'vn chacun adoré,
  Par la Loy, vous seres d'vn chacun honoré,
  Le seruice de Dieu causant vostre seruice
Et le Ceptre puissant, Sire, que ie vous voy,
  Pour racines ayant, & la Foy & la Loy,
  Pour ses fruictz produira Pieté & Iustice.

1567

5 pieces de no[s]
1 pieces de cinq sols
2 testons
2 demy grans
1 quart d'escu

13 ª es grans[?] p[er]es los [illegible] 18 8
6 a [illegible] 6 12
1 [illegible] 2 30
1 [illegible] 2 10
29 0

10 0
6 12 6
4 4 2 30 14 8
2 10 2 10 2 30
2 30 1 10
6 12 6 22 48
29 0 6

Louis Cousteme
Croysetere
fecit

[illegible handwritten paragraph]
L'aud[it] [illegible] bon compagnon point trompeur
bonjour en mauprenac dit maistre[?]
mauriac[?] [illegible] demoiselle apres
qui [illegible] contreprinet salange pour
[illegible] ce qu'ay [illegible]

[signature]